Irmela Erckenbrecht
Wie baue ich eine Kräuterspirale?

Mit Entwürfen zur Gartengestaltung
von Rainer Lutter

Irmela Erckenbrecht

Wie baue ich eine Kräuterspirale?
Leitfaden für die Gartenpraxis

Mit Entwürfen zur Gartengestaltung
von Rainer Lutter

pala
verlag

1000 Dank ...

... all denen, die zum Gelingen dieses Buches beige-
tragen haben, besonders Corinna Erckenbrecht für
den Nazca-Affen und Bernhard Sauer für die Inka-
Ruinen, vor allem aber Rainer Lutter vom Gartenplanungsbüro *Wild-Wuchs* für viele Tipps und Anregungen sowie seine schönen Entwürfe zur Gestaltung
attraktiver Spiralengärten.

Inhalt

Guten Tag!

Seit dem Erscheinen meines Buches »Die Kräuterspirale – Bauanleitung, Kräuterportraits, Rezepte« habe ich zahlreiche positive Rückmeldungen erhalten. Viele begeisterte Spiralengärtnerinnen und -gärtner berichteten mir von ihren Erfahrungen, schickten Fotos von ihren gerade fertig gestellten Spiralen oder schwärmten von ihren Lieblings-Kräuterrezepten.

Viele wandten sich auch mit speziellen Problemen an mich, darunter mit Fragen wie: »Kann ich eine Kräuterspirale auch auf abschüssigem Gelände bauen?«, »Gibt es fertige Bausätze zu kaufen?« oder »Wie baue ich eine Bruthöhle für Rotkehlchen in meine Kräuterspirale?«

Besonders häufig aber kam die Frage: »Wo würde die Spirale eigentlich am besten in *meinen* Garten passen?«

So kam mir die Idee, einen ganz an der Praxis orientierten, kompakten Leitfaden für den Bau von Kräuterspiralen zu schreiben, der sich an all den Fragen orientiert, die im Zuge der Planung und Durchführung eines solchen Bauvorhabens auftreten können.

In diesem Buch bekommen Sie deshalb nicht nur ganz präzise Antworten auf viele Spezialprobleme. Es führt sie anhand häufig gestellter Fragen auch Schritt für Schritt durch alle Phasen Ihres Kräuterspiralenprojekts – von der ersten Idee über den Bau, die Bepflanzung und Kräuterernte bis zur leckeren Verwendung des Erntesegens. Für Anfängerinnen und Anfänger ist es daher ebenso geeignet wie für fortgeschrittene Kräuterspiralenfans.

Ein besonderer Schwerpunkt liegt auf der Gartengestaltung. Beispielhafte Entwürfe des Gartenplaners Rainer Lutter zeigen, wie sich die Kräuterspirale nicht nur harmonisch ins Gesamtbild einfügen, sondern auch ganz bewusst als Blickfang und prägendes Gestaltungselement einsetzen lässt.

Andere Kapitel befassen sich mit dem geeigneten Material für den Spiralenbau und all den Einzelheiten, die es beim Mauern und Befüllen der Spirale zu beachten gibt. Der Einbau von Nisthilfen wird ebenso erklärt wie die Anlage des Teichs oder die Auswahl geeigneter Kräuterpflanzen. Über die notwendigen Pflegearbeiten rund ums Gartenjahr informiert ein übersichtlicher Kalender. Zahlreiche praktische Tipps zur Ernte, Aufbewahrung und Verwendung der Kräuter beschließen den kompakten Praxis-Ratgeber.

Im Ganzen erschließt sich so das Erfolgsgeheimnis der Kräuterspirale: Auf kleinstem Raum ist sie uns ein vollständiger Garten. Auch wer keinen großen Nutzgarten anlegen will oder kann, hat die Chance, sich mit der Kräuterspirale ein eigenständiges kleines Gartenparadies zu erschaffen.

Viel Freude wünscht Ihnen dabei

Ihre

Irmela Erckenbrecht

Eine Kräuterspirale – was ist das eigentlich?

Auf diese scheinbar so einfache Frage gibt es mehrere gültige Antworten – vielleicht mit ein Grund dafür, warum die Kräuterspirale seit Jahren Gartenfans so fasziniert.

In jedem Fall lohnt es sich, die Gartenarbeit gleich mit einer Denkpause zu beginnen und sich auf die verschiedenen Facetten der beliebten »Wendeltreppe für Kräuterpflanzen« einzustimmen. Umso leichter wird es Ihnen fallen, den richtigen Platz für die Spirale in Ihrem Garten zu finden und das fertige Produkt Ihrer Bemühungen rundum wertzuschätzen.

Eine Kräuterspirale ist:
- ein Kräuterbeet mit idealen Standortbedingungen
- ein Schmuckstück im naturnahen Garten
- ein ideales Projekt für Gruppen, Schulklassen und Kindergärten
- ein wertvolles Biotop für Gartennützlinge
- die geniale Idee eines alternativen Nobelpreisträgers
- ein Kraftplatz von symbolträchtigem Format

Ein Kräuterbeet mit idealen Standortbedingungen

Die Kräuterspirale ist ein dreidimensionales, spiralförmiges Gartenbeet. Es wird von Steinen begrenzt, die zur Mitte hin schneckenhausförmig ansteigend übereinander gesetzt werden, und bildet damit eine ideale Kombination aus Steingarten, Trockenmauer und Gartenbeet. Durch die Befüllung mit verschiedenen Böden und die strikte Ausrichtung nach Süden wird es den unterschiedlichsten Standortansprüchen gerecht.

Die bei uns heute angebauten Heil- und Würzkräuter stammen nämlich ursprünglich aus den verschiedensten Klimazonen und wachsen dort an den unterschiedlichsten Standorten. Deshalb stellen sie auch jeweils ganz andere Ansprüche an Temperatur, Feuchtigkeit, Licht und Boden. Während zum Beispiel viele unserer heimischen Kräuter einen feuchten, nährstoffreichen Boden in schattiger Lage bevorzugen, gedeihen Pflanzen aus dem Mittelmeerraum am besten auf trockenen, nährstoffarmen, von der Sonne beschienenen Hängen. Das ist kein Wunder, denn aus ihrer Heimat am Mittelmeer kennen sie ein kurzes, regenreiches Frühjahr und einen heißen, trockenen Sommer. Sie zeigen kein üppiges Blätterwachstum,

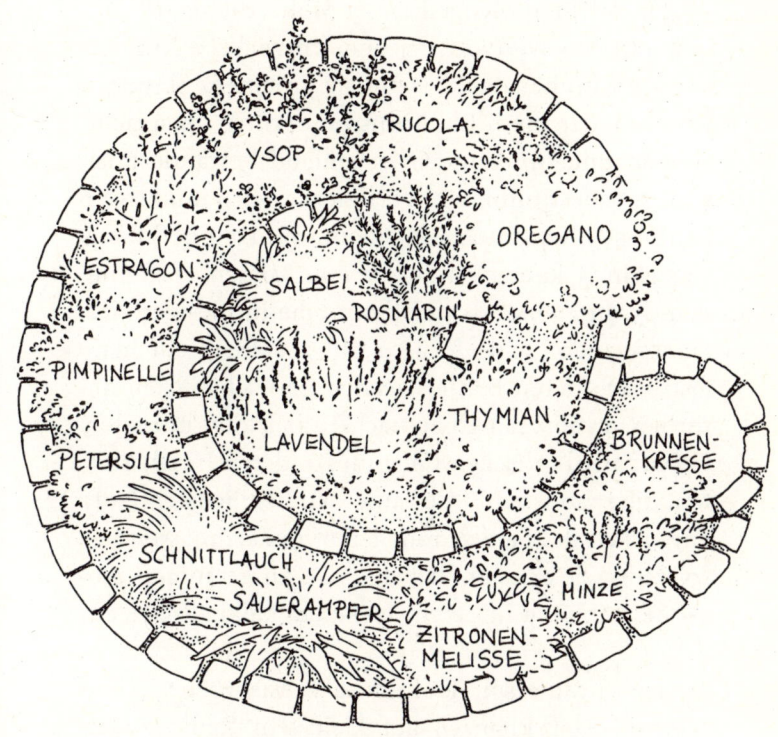

*Typische Kräuterspiralenbewohner mit
unterschiedlichen Standortansprüchen*

sondern nutzen die Wärme zur vollen Entfaltung ihrer ätherischen Öle, Duft- und Aromastoffe.

Die größten Mengen dieser Stoffe, die sie für uns ja gerade so wertvoll machen, entwickeln Kräuterpflanzen immer dann, wenn sie an einem Standort wachsen, der ihren Bedürfnissen optimal entspricht. Wer schon einmal in Griechenland gewandert ist, wird sich bestimmt daran erinnern, welch intensiven Duft ein Salbeistrauch an einem sonnigen Berghang verströmen kann. Vergleicht man diesen Duft mit dem Aroma einer Salbeipflanze, die in hiesiger Gartenerde mehr schlecht als recht gedeiht, stellt man fest: Auch deren Blätter riechen und schmecken natürlich unverwechselbar nach Salbei, den höchsten Gehalt an ätherischen Ölen und anderen Inhaltsstoffen, die schönsten Blüten und den herrlichsten Duft entwickelt der Salbeistrauch aber nur dann, wenn er so steht, wie er es am liebsten hat: am sonnigen, trockenen Abhang in einem lockeren, kalkhaltigen Boden.

Die Kräuterspirale hilft, die Ansprüche unterschiedlichster Pflanzen auf kleinstem Raum zu erfüllen. In einer Art Maisonette-Wohnung schafft sie artgerechte Wachstumsbedingungen für Pflanzen mit den verschiedenartigsten Standortansprüchen und bietet jedem Untermieter den passenden Platz.

Durch den dreidimensionalen Aufbau und das durchdachte Befüllen mit Kies, Bauschutt, Sand, Kompost und Gartenerde entstehen im Hinblick auf Nährstoffe, Wasserversorgung und Licht sehr differenzierte Standortverhältnisse. Durch die strikte Nord/Süd-Ausrichtung mit klarer Verteilung von Wärme und Kühle, Licht und Schatten treten die Unterschiede so extrem wie möglich hervor. Auch der Windschutz für in dieser Hinsicht empfindliche Pflanzen lässt sich dadurch bestmöglich planen.

Die Ausrichtung auf der Nord/Süd-Achse sorgt außerdem dafür, dass die Sonnenenergie optimal ausgenutzt wird. Die in die Spirale integrierten Steine schaffen ein ausgeglichenes Kleinklima, speichern tagsüber die Sonnenwärme und geben diese dann abends und nachts allmählich an den Boden ab. Das Wasser im kleinen Teich am südlich gelegenen Fuß der Kräuterspirale reflektiert die Sonnenstrahlen und verstärkt diesen Effekt. So können sogar leichte Nachtfröste abgefangen werden.

Da der Kern der Kräuterspirale aus Bauschutt besteht, bleibt der obere Teil weitgehend trocken. Die Hohlräume im Bauschutt leiten das Wasser ab, anhaftender Mörtel gibt Kalk an den Boden ab. All das fördert das Wachstum der Mittelmeerkräuter, die sich im oberen Teil der Spirale sichtlich wohl fühlen. Wäh-

Die Idee unterschiedlicher Klimazonen auf einer dreidimensionalen Anbaufläche ist offenbar uralt. Das zeigen jedenfalls die berühmten Terrassen im peruanischen Moray, landwirtschaftliche Versuchsanstalten der Inkas. Natürliche Senken in der Landschaft bauten sie zu kreisrunden Terrassen aus, auf denen sie Pflanzen mit diversen Standortansprüchen anbauen konnten. Der Effekt ist ähnlich – nur mit dem Unterschied, dass die Inkas in die Tiefe gruben, während sich die Kräuterspirale in die Höhe schlängelt.

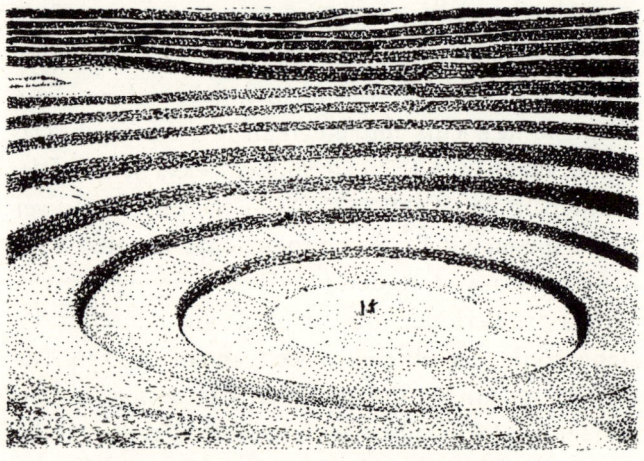

Die Inka-Terrassen im peruanischen Moray –
Dreidimensionalität als Anbauprinzip

rend sie den ganzen Tag über Sonne bekommen, werden die äußeren, unteren Bereiche der Spirale durch den wandernden Sonnenstand tageszeitabhängig beschattet. Hinzu kommt, dass nach unten hin immer nährstoffhaltigere Erde eingefüllt wird und die Drainagewirkung von Bauschutt und Kies nachlässt. Deshalb wachsen im unteren Teil der Spirale heimische Kräuter besonders üppig, zum Teich hin sogar wasserliebende Pflanzen wie die Brunnenkresse.

Auf diese Weise bietet die Kräuterspirale »Natur pur« auf kleinstem Raum. Genau abgestimmte Bodenverhältnisse, eine ideale Sonnenlage, umfassende Wärmespeicherung und gute Wasserführung sorgen dafür, dass die Kräuterpflanzen auf der Spirale besonders gut gedeihen.

Ein Schmuckstück im naturnahen Garten

Die Kräuterspirale schafft also ideale Wachstumsbedingungen für die unterschiedlichsten Kräuterpflanzen. Vom Feuchtgebiet bis zur extremen Trockenlage ist bei ihr auf kleinstem Raum alles möglich. Die Anlage einer Kräuterspirale ist daher immer dann sinnvoll, wenn nur eine begrenzte Anbaufläche zur Verfügung steht und dennoch eine vielseitige Kräuterpalette gewünscht wird. Wegen des relativ geringen Platzbedarfs bietet sie die Möglichkeit, schon im Vorgarten mit der Selbstversorgung zu beginnen. Doch nicht erst bei der Kräuterernte, sondern im gesamten Gartenjahr können wir uns an der Arten- und Formenvielfalt der verschiedenen Kräuterpflanzen erfreuen, uns von bizarren Blüten und aromatischen Düften bezaubern lassen. Alle Sinne werden angesprochen – selbst das Gehör wird von dem Summen der von den Kräuterblüten angelockten Insekten angeregt. Rund um die Kräuterspirale können wir säen, pflanzen, ernten, fühlen, schauen, riechen, hören, schmecken. Sie ist ein vollständiger Garten im Kleinformat.

Auch wer sich keinen großen Nutzgarten anlegen will oder kann, hat mit der Kräuterspirale die Chance, sich ein eigenständiges kleines Gartenparadies zu erschaffen. Vielleicht hatte der Schweizer Psychoanalytiker Carl Gustav Jung ein solches Kleinod vor Augen, als er sagte: »Jeder Mensch braucht ein Stück Garten, wie klein es auch immer sein mag, sodass er in Kontakt mit der Erde und deshalb mit etwas Tieferem in ihm selbst bleibt.«

Durch die Spiralform werden die Pflanzen besonders wirkungsvoll in Szene gesetzt. Je nachdem, wo man sich rund um die Kräuterspirale gerade befindet, bietet sich ein jeweils ganz anderes, harmonisches Bild. Auch diesen Aspekt gilt es bei der Frage, wo wir das »Schneckenhaus für Kräuter« in unserem Garten platzieren, natürlich zu bedenken. Wollen wir die Spirale vom Küchen- oder Wohnzimmerfenster aus sehen können? Soll sie als gestalterisches i-Tüpfelchen die Anordnung unserer Gartenbeete krönen? An welcher Stelle käme sie am besten zur Geltung? In einem eigenen Kapitel zum Thema Gartengestaltung sollen diese Fragen ausführlich erörtert werden (siehe Seite 40). Als attraktiver Blickfang ist die Kräuterspirale in jedem Fall auch optisch eine echte Bereicherung für unseren Garten.

Ein ideales Projekt für Gruppen, Schulklassen und Kindergärten

Eine Kräuterspirale anzulegen macht in der Gruppe besonderen Spaß. Da es dabei viele verschiedene und vor allem schwere ebenso wie leichte Arbeiten zu verteilen gibt, können Erwachsene und Kinder aller Altersstufen mitmachen. Die Aufgabe ist überschaubar und das Ergebnis kann sich sehen lassen – beste Voraussetzungen für ein positives Gruppenerlebnis.

Wohl auch aus diesem Grund sind schon viele Kräuterspiralen als ökologische Gruppenprojekte bei Wochenendseminaren für Erwachsene oder Projektwochen für Schüler und Kindergartenkinder entstanden. Als dauerhafte Kleinbiotope mit geringem Pflegeaufwand bilden sie eine schöne Bereicherung für Schulhöfe, Kindergartenanlagen oder Seminarhausgärten. Als Dauereinrichtung bieten sie außerdem vielfältige Möglichkeiten für spannende Beobachtungen und Entdeckungen.

Wer sich mit der Kräuterspirale beschäftigt, kann vieles lernen, üben und ausprobieren: das Säen, Verziehen, Pflanzen und Vermehren der Kräuterpflanzen; das Zupfen unerwünschter Beikräuter; das Zurückschneiden und Ernten; das Herstellen einfacher Kräutergerichte zum sofortigen gemeinsamen Genuss (z. B. Kräuterquark) oder zum Aufbewahren und späteren Verschenken (z. B. Kräuteressig); das Sammeln und Trocknen von Kräutern; das Nähen von Kräutersäckchen (z. B. Lavendel); das Zubereiten von Salben (z. B. Ringelblume); das Analysieren von Inhaltsstoffen; das Erklären von Wirkstoffen; das Beobachten mikroklimatischer Einflüsse; das Klassifizieren von Pflanzennamen und Pflanzenfamilien; das Beschreiben von Blüten, Blättern, Stängeln, Wurzeln und Früchten; das Bestimmen von Pflanzen; das Mikroskopieren von Kleinstlebewesen oder Pflanzenteilen; das Analysieren des Teichwassers; das Beobachten der größeren Tüm-

pelbewohner und der Mikroorganismen im Teich …
Der Fantasie von Lernenden und Lehrenden sind keine Grenzen gesetzt!

Ein wertvolles Biotop für Gartennützlinge

Doch nicht nur die Spiralenpflanzen, sondern auch alle übrigen Gartenbewohner profitieren von dem neuen Gestaltungselement. Für den gesamten Garten stellt die Kräuterspirale eine echte ökologische Bereicherung dar. Die steingartenähnlichen Verhältnisse mit der Trockenmauer und ihren vielen Hohl- und Zwischenräumen bieten einzigartige Lebensräume für Pflanzen und Kleintiere.

Typische Mauerpflanzen wie Mauerpfeffer oder Steinröschen können sich selbst in den kleinsten Ritzen ansiedeln. Die sich in der Sonne aufwärmenden Steine werden aber auch von Tieren geschätzt. Mit ein wenig Glück finden sich bald Eidechsen ein und lassen sich beim Sonnenbaden auf den Steinen beobachten. Sie legen ihre Eier in die Höhlen zwischen den warmen Steinen, wo sie auf natürliche Weise ausgebrütet werden. Laufkäfer, Kröten, Frösche oder Spitzmäuse können als wirksame Schädlingsbekämpfer zur Stabilität des biologischen Gleichgewichts im Garten bei-

Die Anbaufläche auf der Kräuterspirale lässt sich grob in die folgenden Zonen aufteilen:

1. Die obere, trockene, mediterrane Zone mit sandigem, magerem Boden, der auch bei Regen trocken bleibt, weil das Regenwasser durch Sand, Bauschutt und Kies rasch nach unten abfließt. Hier wachsen Mittelmeerpflanzen wie Thymian, Rosmarin, Estragon, Lavendel, Oregano und Salbei.

2. Die mittlere Übergangs- oder Normalzone mit durchlässigem, humosem Boden mit Sand- und Kompostanteil. Hier gedeihen in Mitteleuropa heimische Pflanzen, die Wärme und Sonne mögen, aber auch eine gute Erde schätzen, wie Schnittlauch, Dill, Pimpinelle oder Bohnenkraut.

3. Die untere, feuchte Zone am Fuß der Spirale mit komposthaltigem Gartenboden ohne Drainage. Hier fühlen sich einheimische Pflanzen wohl, die einen frischen, auch mal schattigen Standort und viele Nährstoffe brauchen, wie Sauerampfer, Waldmeister, Pfefferminze, Zitronenmelisse, Kerbel und Löffelkraut.

4. Die Wasserzone am Teich. Hier wuchert zum Beispiel die scharfwürzige Brunnenkresse.

tragen. Üppige Kräuterblüten locken Schwebfliegen, Bienen, Hummeln und Schmetterlinge an, und über dem Teich schwirrt vielleicht schon bald die erste Libelle. Wer möchte, kann sogar Nisthilfen für diverse Tiere mit in die Kräuterspirale einbauen (mehr dazu im Kapitel »Wie baue ich Nisthilfen für Tiere ein?«, Seite 85).

Die geniale Idee eines Alternativen Nobelpreisträgers

Das Besondere an der Kräuterspirale, die Kombination höchst unterschiedlicher Standorte auf kleinstem Raum, ist so genial, dass man sie für eine Erfindung der Natur halten könnte. Tatsächlich aber wurde sie vom Australier Bill Mollison erdacht, der für sein Konzept der »Permakultur« 1981 den Alternativen Nobelpreis bekam.

»Permakultur« steht für einen dauerhaften Land- und Gartenbau, der eigenständige Ökosysteme schafft, deren möglichst vielgestaltige Elemente so optimal aufeinander abgestimmt sind, dass sie sich auch auf lange Sicht selbst erhalten können.

Die Permakultur versteht sich als Gegenentwurf zum herkömmlichen Land- und Gartenbau, der sich

Wie Bill Mollison die Kräuterspirale erfand:

»Ich lag eines Abends im Bett und dachte nach. Das Problem mit den Mustern [gezeichneter Landschaftsentwürfe, I.E.] ist, dass sie alle zweidimensional sind: Sie erheben sich nicht in die Luft und senken sich nicht in den Boden. Da kam mir das Bild von einer Meeresschnecke. Schnecken nehmen diese Form ja nicht ohne Grund an. Sie tun es, weil es eine sehr effektive Methode ist, möglichst viel Verdauung auf kleinstem Raum unterzubringen. Warum lassen wir unsere Gärten nicht auch nach oben steigen und nach unten in den Boden wachsen? An diese Möglichkeit denken wir gar nicht. Stattdessen nehmen wir die Gartenschnur her, ebnen alles ein, harken den Boden glatt und führen alle Muster nur auf der Fläche aus. Und wenn unser Garten anfangs noch nicht ganz eben ist, werden wir ihn bald so weit haben.

Ich dachte an die stufenförmigen Türme der alten Sumerer und Assyrer, um deren Mitte sich eine heilige Spirale windet. Ich dachte an ein Stück Papier, in das man eine Spirale schneidet. Hält man sie in der Mitte fest, schraubt sie sich nach oben. Man müsste einen kleinen Steinhaufen bauen und eine solche Spirale daran hinaufführen.

Am nächsten Tag ging ich hinaus in den Garten und baute eine Spirale von etwa zwei Metern Durchmesser. Dann fragte ich mich, warum ich sie nicht auch in den Boden graben sollte. Dadurch würde sich ein noch stimmigeres Muster ergeben. Die ausgehobene Stelle könnte man mit Wasser füllen. Ich baute die ganze Sache an einem Nachmittag.

Sofort war mir klar, dass ich eine Vielzahl von Mikroklimazonen geschaffen hatte, schattige und halbschattige Stellen und schöne helle, heiße, sonnige Standorte an der Spitze. Inzwischen ist aus der Spirale ein dauerhaftes kleines Beet geworden, das sich hervorragend für Küchenkräuter eignet. Durch unterschiedliche Drainagen gibt es trockene und feuchte Stellen, Hitze und Schatten sind unterschiedlich verteilt. Außer der Oberfläche lassen sich auch die Seiten bepflanzen. Ohne Probleme bekommt man Petersilie und Schnittlauch, Thymian, Lavendel, Rosmarin, Estragon und viele andere Kräuter unter. Auf zwei Spiralen nebeneinander könnten wahrscheinlich genug Kräuter wachsen, um selbst den anspruchsvollsten Koch zufrieden zu stellen. Außerdem ist die Spirale sehr schön anzusehen.«

die Natur unterwirft, um ihr in großflächigen Mono-
kulturen unter dem großzügigen Einsatz chemi-
scher Dünger und Schädlingsbekämpfungsmittel den
größtmöglichen Ertrag abzuringen – ohne Rücksicht
auf die häufig katastrophalen ökologischen und sozi-
alen Folgen.

Im Gegensatz dazu versucht die Permakultur,
grundsätzlich mit der Natur und nicht gegen sie zu
arbeiten, sie genau zu beobachten und sich die ihr eigenen Prinzipien zunutze zu machen. Das Ziel ist, stabile Lebensgemeinschaften verschiedenster Spezies
zu schaffen, die harmonisch in einem ausgeglichenen
Ganzen zusammenwirken und die Umwelt dauerhaft
erhalten, anstatt sie zu zerstören. Möglichst viele verschiedene Pflanzen und Tiere sollen sich gegenseitig
schützen, fördern und ergänzen. Dies gelingt immer
dann am besten, wenn für sie jeweils natürliche Lebensräume entstehen.

Die Kräuterspirale ist ein echtes Kind der Permakultur – ein kleines, in sich geschlossenes System, das
Pflanzen und Tieren die vielgestaltigsten Lebensbe-
dingungen bietet, dem Menschen wenig Pflege abver-
langt und doch reiche Ernte bringt.

Bill Mollisons Idee zündete. Von allen Elementen
der Permakultur war die Kräuterspirale von Anfang
an besonders erfolgreich. Unzählige Profi- und Hob-

bygärtner auf der ganzen Welt haben sie nachgebaut, auch auf Gartenschauen und in Mustergärten ist sie immer wieder zu sehen. Der große Erfolg lässt vermuten, dass vielleicht noch etwas anderes dahinter steckt. Könnte es sein, dass über die geniale gärtnerische Idee hinaus die Form der Spirale etwas viel Tieferes in uns berührt?

Ein Kraftplatz von symbolträchtigem Format

Dass das gewendelte Kräuterbeet als Platz sparendes und originelles Gartenelement auf unsere Sinne so ansprechend wirkt, hat sicherlich auch mit der Symbolkraft der Spiralform zu tun.

Die Spirale ist ein seit Urzeiten verwendetes Symbol. Die Maoris, die Ureinwohner Neuseelands, schnitzten zum Beispiel Spiralen auf Boote, Torpfosten und Türsturze und tätowierten auch ihre Gesichter mit vielgestaltigen Spiralmustern. Die Spirale versinnbildlicht für sie die Zugewandtheit zur Natur, zur kulturellen Heimat und zum Ursprung, aber auch die Hinwendung nach außen und die Entfaltung zu neuem Leben.

Auch in anderen Teilen der Welt besaß die Spirale seit alters her eine tiefe Symbolik.

Beispielsweise schuf das Volk der Nazca im heutigen Peru auf einer etwa 450 Kilometer südlich von Lima gelegenen Hochebene die ebenso berühmten wie rätselhaften »Nazca-Linien«. Deren Formen und Ausmaße erschließen sich erst aus der Vogelperspektive. Die »Geoglyphen« bestehen aus geometrischen und figürlichen Motiven. Darunter befinden sich zahlreiche Spiralen mit riesigen Durchmessern, nicht nur als Teil geometrischer Zeichnungen, sondern auch integriert in die Darstellung verschiedener Tiere, zum

In den Boden gezeichneter Riesenaffe der Nazca-Kultur in Peru

Beispiel als aufgerollter Schwanz eines rund 80 Meter langen Affen.

In Sibirien, in einer Höhle in Mal'ta, nördlich von Irkutsk, fand man einen 24.000 Jahre alten, mit einer eingeritzten Spirale verzierten Mammutzahn als Grabbeigabe. Die Spirale hat in der Mitte ein Loch. Möglich, dass sie den Lebensweg des Verstorbenen und seinen Übertritt in eine andere Welt darstellen sollte.

Doch nicht nur bei den Urvölkern, auch in der Kunst und Architektur späterer Epochen stößt man immer wieder auf die Spiralform. Berühmte Beispiele sind die große Moschee in Samara im heutigen Irak, das Treppenhaus der Vatikanischen Museen in Rom oder die von Sir Norman Foster entworfene Glaskuppel auf dem Gebäude des Berliner Reichstags mit den in einer Doppelspirale sanft absteigenden bzw. abfallenden Rampen, auf denen die Besucher die Kuppel selbst begehen können.

Auch die prächtigen Wendeltreppen in vielen historischen Gebäuden zeugen von der Faszination, die von der gewundenen Form seit jeher auf die Menschen ausging. Im Mittelalter noch reine Zweckkonstruktionen zur Überwindung großer Höhenunterschiede auf kleinstem Raum, mauserten sie sich vielerorts zu echten Kunstwerken. In Form so genannter »Wendelsteine« verselbständigte sich die Form in der Renaissance zu einem nach außen offenen Raumkörper mit repräsentativem Charakter, zu bewundern zum Beispiel beim »Großen Wendelstein« von Schloss Hartenfels im sächsischen Torgau.

Doch nicht nur von Menschenhand, auch in der Natur begegnet uns die Spirale allerorten als Urform des Lebens. Sie steckt in allem, was schnecken- oder schraubenförmig ist, in Schneckenhäusern, Seemuscheln, den Tentakeln des Oktopus, den Hörnern von Gazellen, einer zum Schlafen eingeringelten Katze, einer zusammengerollten Schlange oder auch dem menschlichen Ohr. Es gibt Pflanzen, die spiralförmig wachsen, zum Beispiel Schlingpflanzen wie Hopfen und Knöterich. Manche Pflanzensamen sehen spiralförmig aus, zum Beispiel die der Ringelblume. Und es gibt Blätter, die sich spiralförmig entfalten, zum Beispiel die Wedel des Farns.

Selbst unsere Erbinformation ist in Form einer zweifachen Spirale (»Doppelhelix«) abgelegt. Vom menschlichen Embryo bis zum kosmischen Spiralnebel – die Spiralform mit der ihr innewohnenden dynamischen Entwicklung und Bewegung bestimmt unser Leben. Nicht zuletzt gehört auch unser Milchstraßensystem zu einer Spiralgalaxie.

Die Spirale ist eine Linie, die sich aus sich selbst entrollt und von Drehung zu Drehung über sich hi-

Großer Wendelstein im sächsischen Schloss Hartenfels

nauswächst. Sie ist eine dynamische Form, die uns –
je nachdem, in welcher Richtung wir ihr folgen – ins
Zentrum oder in die Weite führt. Sie steht für Wachstum und Entfaltung. Sie versinnbildlicht die Kreisläu-
fe des Lebens – doch nicht im Sinne einer ständigen
Wiederholung. Die Spirale schließt Kreisbewegung
und Weiterentwicklung ein: Alles ist zyklisch, doch
nichts bleibt, wie es war.

Ein Stück all dieser Weisheiten und symbolhaften
Bedeutungen steckt auch in der Kräuterspirale, die wir
in unserem Garten bauen. Kein Wunder, dass sie auf
ihre Betrachterinnen und Betrachter so harmonisch
wirkt und jedem Garten sofort einen neuen Mittelpunkt verleiht.

Wo passt die Kräuterspirale in meinen Garten?

Bei der Wahl des richtigen Standorts für die Kräuterspirale gibt es zweierlei zu bedenken:

1. Wo finden sich die besten Bedingungen dafür, dass die Spirale ihre im vorigen Kapitel so ausgiebig gerühmten positiven Eigenschaften auch optimal entfalten kann?
2. An welchem Platz fügt sich die Kräuterspirale am besten harmonisch in das Gesamtbild Ihres Gartens ein?

Diese Grundbedingungen braucht die Kräuterspirale

Prüfen Sie Ihren Garten zunächst einmal mit kritischem Kräuterspiralenblick.

Damit die wärmebedürftigen Mittelmeerkräuter sich voll entfalten und ihre Duft- und Aromastoffe optimal ausbilden können, braucht die Spirale unbedingt einen sonnigen Standort. Ideal wäre es, wenn Sie zusätzlich die Wärmerückstrahlung einer weißen Wand ausnutzen und die Kräuterspirale in Hausnähe bauen könnten, was auch dem Bedürfnis entgegen kommt, zwischen Küche und Kräutern einen möglichst kurzen Weg zu haben.

Bill Mollison meinte: »Ich sage den Leuten oft, stellt euch einen großen Büschel Petersilie irgendwo ganz hinten in eurem Garten vor. Ihr habt gerade Suppe gemacht, ihr schaut aus dem Fenster, es regnet, ihr habt Hausschuhe an und Lockenwickler im Haar. Ihr werdet euch nicht umziehen, um durch den nassen Garten zu eurer Petersilie und wieder zurück in die Küche zu gehen. Ihr werdet lieber auf die Ernte verzichten.«

Also: Möglichst nah heran an die Kochtöpfe mit der Kräuterspirale! Und am besten schon jetzt überlegen, wie man sie auch bei feuchtem Wetter einigermaßen trockenen Fußes erreichen kann.

Außerdem braucht die Spirale einen windgeschützten Standort. Nutzen Sie den natürlichen Windschutz durch Hecken oder Sträucher. Notfalls können Sie Ihre Spirale auch mit Bohnen-, Erbsen- oder Sonnenblumenpflanzungen abschirmen. Andererseits sollten Sie eine Beschattung vermeiden und die Kräuterspirale unbedingt außerhalb des Schlagschattenbereichs solcher Pflanzungen anlegen.

Besonders günstig ist die Nord/Süd-Ausrichtung mit der Wasserzone im Süden – die Reflexion der Sonnenstrahlen durch das Wasser bringt zusätzlich Wärme an die Südseite der Spirale. In Trockenzeiten muss der Teich regelmäßig nachgefüllt werden. Ist in Ihrem Garten bereits ein Teich vorhanden, können Sie auch überlegen, ob Sie die Kräuterspirale an der Nordseite des bestehenden Gartenteichs anlegen.

Um die angestrebten Standortvorteile tatsächlich erreichen zu können, ist ein Durchmesser von 2,50 bis 3 Metern und eine Höhe von 80 bis 100 Zentimetern unbedingt erforderlich. Eine niedrigere Spirale sieht vielleicht auch ganz nett aus, die verschiedenen Kleinklimazonen können so jedoch nicht entstehen.

Bei 2,80 Metern Durchmesser benötigt man etwa sechs Quadratmeter Grundfläche. Eine Spirale dieser Größe hat auf Dauer für etwa fünfzehn verschiedene Kräuter Platz.

Eine Kräuterspirale braucht:
- viel Sonne
- wenig Wind
- keinen Schatten
- mindestens sechs Quadratmeter Grundfläche

Linksdrehend oder rechtsdrehend?

Der Platzbedarf Ihrer Spirale hängt natürlich auch davon ab, für welche Form Sie sich entscheiden. Die klassische und zugleich am häufigsten verwendete Form ist die einfache, rechtsgedrehte Spirale, natürlich sind aber auch individuelle Varianten möglich.

Für die Rechtsdrehung (also die Drehung im Uhrzeigersinn vom äußeren Ende der Spirale aus betrachtet) spricht, dass die Spirale sich dann mit dem Lauf der Sonne wendelt, denn die im Osten aufgehende Sonne wandert ebenfalls rechts herum im Halbkreis um die Kräuterspirale. Der Effekt der Wärmespeicherung ist dann am größten, denn die Mauer vor den Pflanzflächen ist länger von der Sonne beschienen. Außerdem wird die Rechtsdrehung von vielen als harmonischer empfunden. Überhaupt kommt sie in der Natur häufiger vor (von 20.000 Schneckenhäusern dreht nur ein einziges nach links). Aber wie unter den Menschen, so gibt es zum Beispiel auch unter den Pflanzen »Linkshänder« wie den Hopfen, der sich links herum schlingt. Auch die meisten Wendeltreppen drehen nach links (vermutlich weil die Mehrheit der Rechtshänder dann auf der breiten Seite der Stufen gehen und sich besser außen am Geländer festhalten kann). Folgen Sie Ihrer eigenen Intuition und

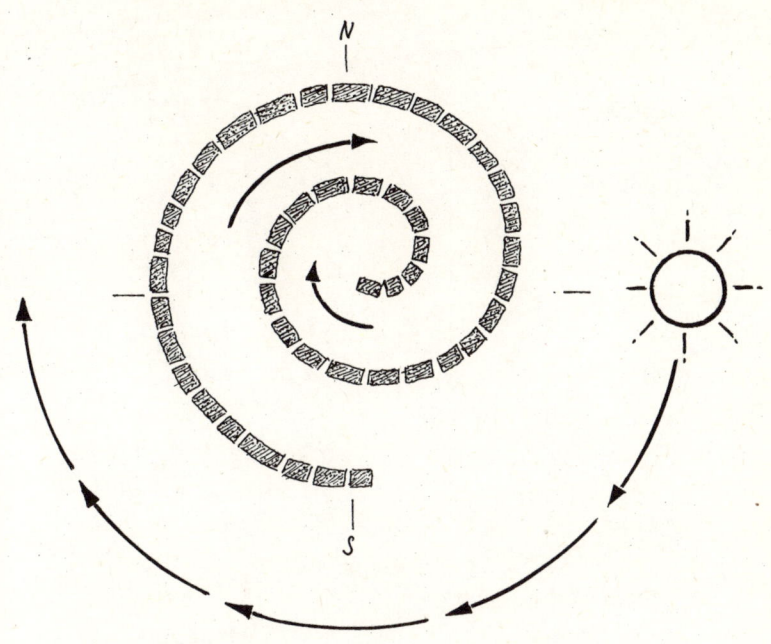

Rechtsdrehung im Einklang mit der Sonne

scheuen Sie sich nicht, gegen den Spiralenstrom zu schwimmen.

Machen Sie ruhig mehrere Entwürfe, und wenn Sie sich dann für eine Form entschieden haben, zeichnen Sie sich einen groben Grundriss auf, an dem Sie sich später auf Ihrer »Baustelle« orientieren können.

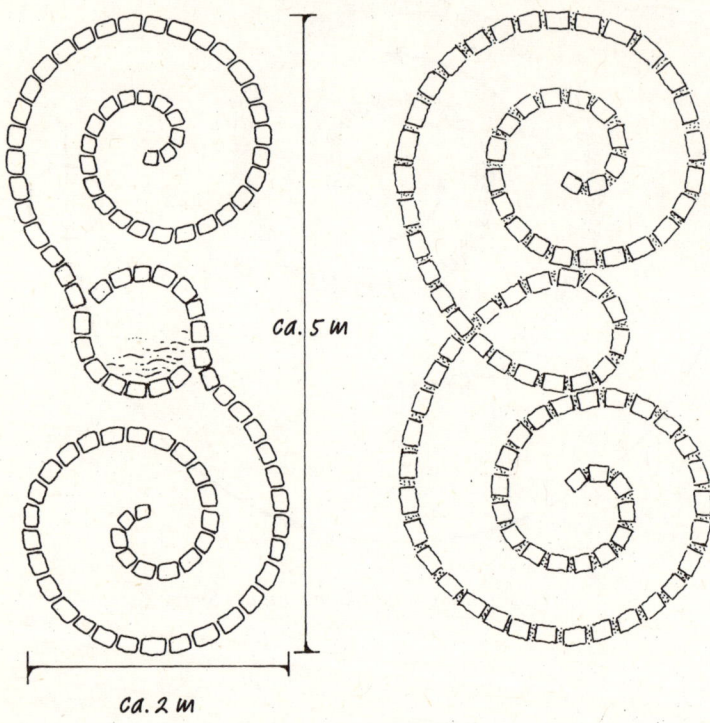

ca. 5 m

ca. 2 m

Rechtsdrehende Doppelspirale

Spiegelbildliche Doppelspirale
mit Rechts- und Linksdrehung

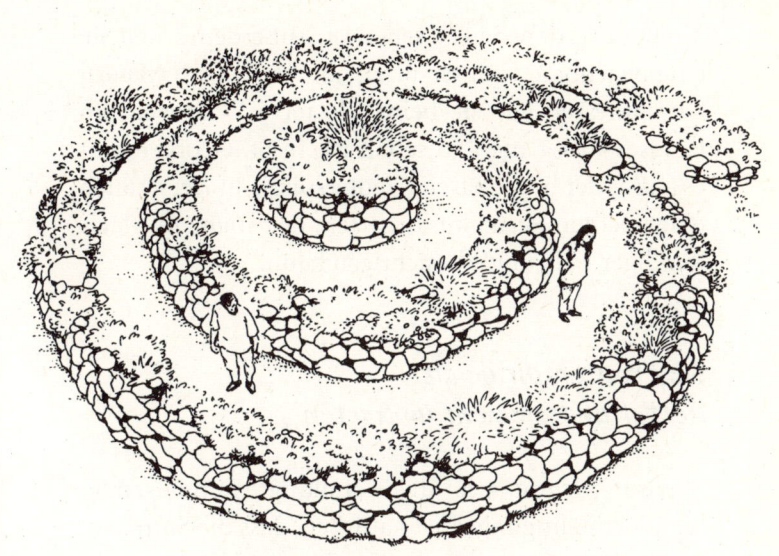

Begehbare linksdrehende Kräuterspirale

Wie Sie an den Abbildungen sehen können, lässt sich die klassische Grundform mit schönen Ergebnissen spielerisch verändern. In der Abbildung auf Seite 38 sehen Sie links eine doppelte, rechtsdrehende Spirale, wie sie Rainer Wedemeyer im Schulgarten des Zoos Hannover angelegt hat, die aber auch als spiegelbildliche Doppelspirale mit einer Rechts- und einer Linksdrehung denkbar wäre, wie es in der Zeichnung rechts daneben zu sehen ist. Außerdem sehen Sie eine begehbare Kräuterspirale mit etwa neun Metern Durchmesser, wie sie beim Kloster St. Georgen am Längsee in Kärnten zu sehen ist. In St. Georgen gibt es außer der begehbaren Kräuterspirale übrigens auch einen echten Permakulturgarten, den man (mit fachkundiger Führung!) besichtigen kann.

Die Kräuterspirale als Gestaltungselement im Garten

Ebenso wichtig wie die Erfüllung grundlegender Standortbedingungen ist natürlich, dass die Spirale in Ihrem Garten optisch gut zur Geltung kommt, ohne einen Fremdkörper zu bilden. Im Idealfall fügt sie sich nicht nur harmonisch in das Gesamtbild ein, sondern gibt als gestalterisches i-Tüpfelchen Ihrem Garten gerade erst den richtigen Dreh.

Wenn Sie die Kräuterspirale in einem bereits bestehenden Garten bauen wollen, müssen Sie sich natürlich mit den Gegebenheiten arrangieren. Wenn Sie einen Garten neu anlegen, haben Sie mehr Spielraum und können sich ein Gesamtkonzept ausdenken.

An den folgenden Beispielen, die Rainer Lutter vom Gartenplanungsbüro *Wild-Wuchs* für Sie ent-

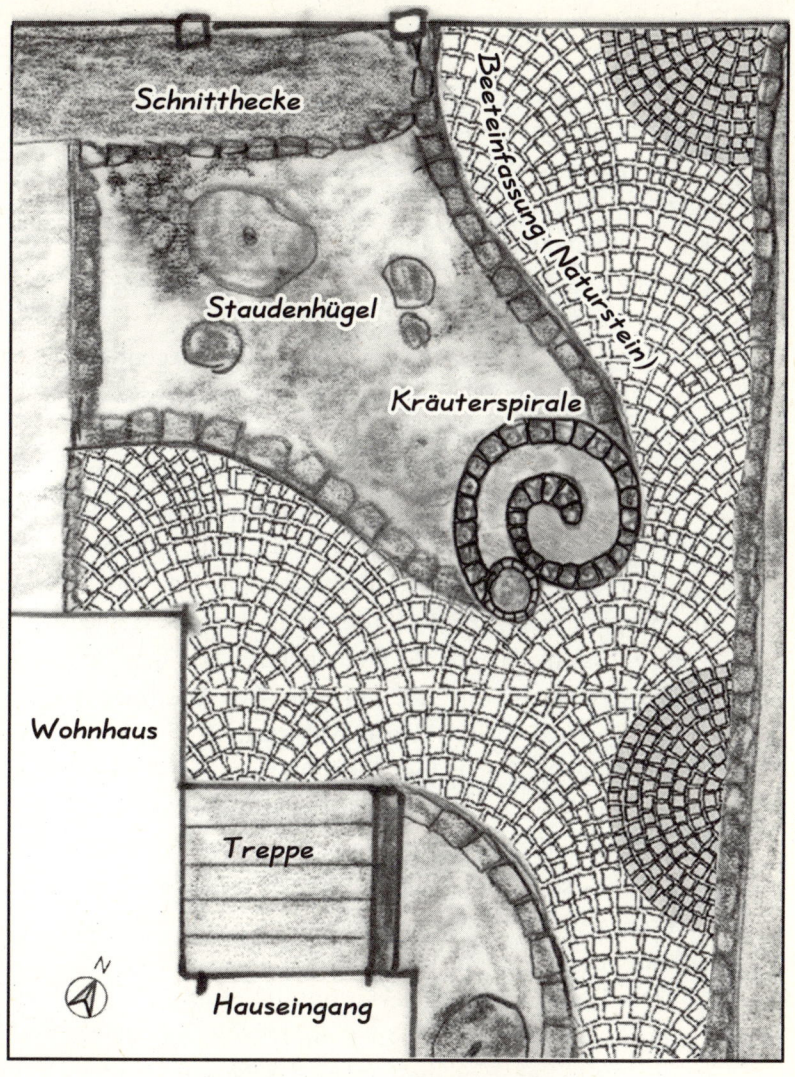

Schnitthecke

Beeteinfassung (Naturstein)

Staudenhügel

Kräuterspirale

Wohnhaus

Treppe

N

Hauseingang

Kräuterspirale auf Staudenhügel

wickelt hat, sehen Sie, dass die Kräuterspirale sowohl in kleineren Gestaltungseinheiten (wie im Vorgarten oder unmittelbar an der Terrasse) als auch in größeren Themengärten gestalterisch Flagge zeigen und der gesamten Gartenszenerie ihren schönen, prägenden Stempel aufsetzen kann.

Neben der an der Nordseite des Hauses liegenden Hofeinfahrt sehen Sie (auf Seite 41) anstelle des weit verbreiteten und leider oft recht langweiligen Vorgarten-Einerleis einen in einer Kräuterspirale mündenden Staudenhügel. Der kleine Hausberg bildet nicht nur einen willkommenen Sichtschutz für den Eingangsbereich. Wird die Spirale in den Hang des Staudenhügels hineingebaut, werden auch weniger Steine benötigt (siehe dazu das Kapitel über den Spiralenbau auf abschüssigem Gelände auf Seite 81). Die hügelige Anlage erweist sich außerdem als schöner Blickfang beim Heraustreten aus der Haustür, und von der Küche zu den Kräutern ist es nur ein kurzer, gepflasterter Weg. Die runde Form der Kräuterspirale und des kleinen Teichs setzt sich optisch sehr schön in der Pflasterung fort, so dass auf relativ kleinem Raum ein harmonisches Ganzes entsteht.

Der Hauseingangshügel ist für alle Hauseingangsbereiche im Norden geeignet, und zwar vor allem dann, wenn die Eingangstür an der Nordost- oder

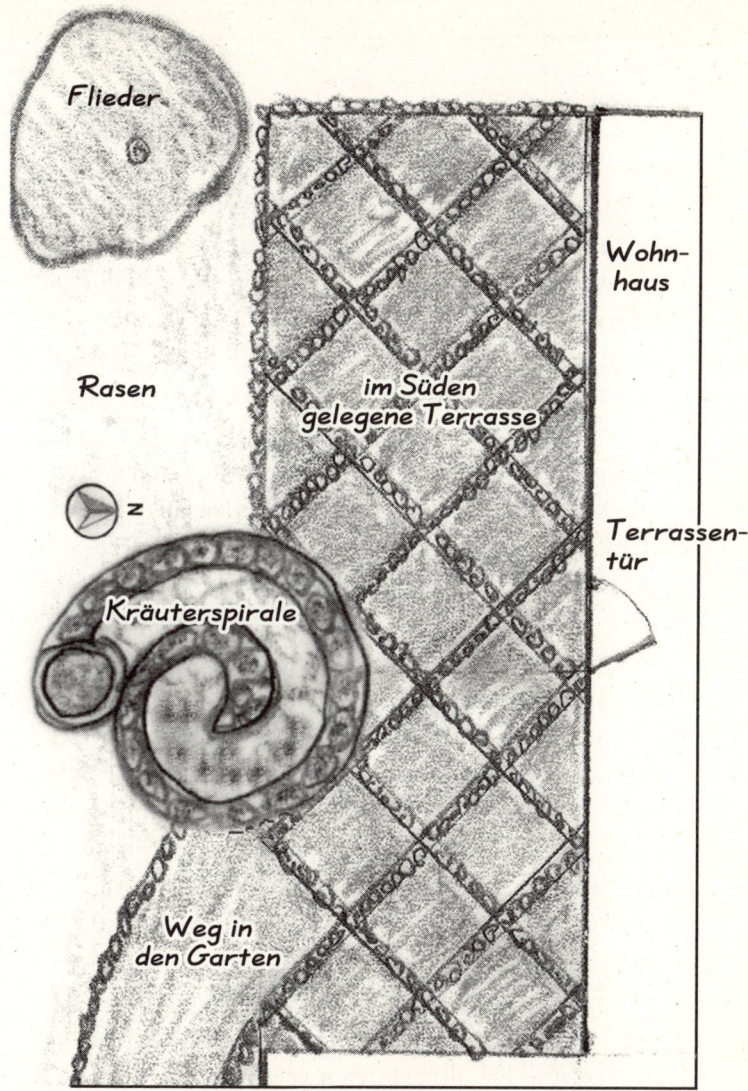

Südterrasse mit Kräuterspirale

43

Nordwestecke des Hauses liegt, da die Kräuterspirale so am besten von der Sonne beschienen wird.

Ebenfalls ganz dicht am Haus haben Sie die Kräuterspirale, wenn Sie sie in Ihre Südterrasse integrieren, was die Terrasse auch gleich in zwei Teilbereiche strukturiert und viel interessanter und lebendiger macht (siehe Seite 43). Von der Sonnenliege aus können Sie bei schönem Wetter dann aus nächster Nähe das Wachsen und Gedeihen auf der Kräuterspirale verfolgen, die schönen Blüten betrachten, den würzigen Duft genießen und den summenden Insekten lauschen. Die sonnige, windgeschützte Lage für die Spirale ist bei dieser Platzierung inklusive, und der Weg zur Küche ist nicht weit. In der Übergangssituation zwischen Terrasse und Garten bildet die Kräuterspirale einen attraktiven »Torwächter«, stimmt auf die anderen Beete ein und gibt auf ihrer Ostseite den Weg in den Garten frei. Eine sehr schöne Lösung zur Belebung eher langweiliger Terrassensituationen und zum nachträglichen Einbau einer Kräuterspirale in einen bereits bestehenden, an sich schon »vollen« Garten!

Ihr Talent als attraktives Gestaltungselement in umfassenderen Gartenkonzepten beweist die Kräuterspirale in dem Entwurf eines Bauerngartens, der Nutz- und Zierpflanzen in einer tollen Mischung aus Arbeits- und Erholungsgarten vereint (siehe Seite 46).

Die gerundeten, schwungvollen Formen des Gesamt-
entwurfs spiegeln sich in der runden Rosenlaube und
natürlich auch in der Kräuterspirale wider. Die große,
offene Rosenlaube aus verzinktem Stahl greift die runde Form der Spirale auf und bildet ein luftiges Gegen-
gewicht. Durch ihre zentrale Lage zwischen den Gar-
tenwegen wird die Kräuterspirale gebührend in Szene
gesetzt und bildet einen schönen Blickfang. Ergänzt
wird die Spirale durch ein Kräuterbeet, auf dem all die
Kräuter wachsen, die keine besonderen Standortan-
sprüche stellen, von denen größere Mengen angebaut
und geerntet werden sollen oder die so raumgreifend
sind, dass sie ihre Nachbarn auf der Spirale mit ihrer
Wachstumsfreude nur in Bedrängnis bringen würden,
also zum Beispiel Liebstöckel, Weinraute oder Beinwell. In jedem Fall nehmen die Kräuter einen günstigen Einfluss auf die Gesundheit der Rosen, und die
geschickte Kombination vielfältiger Gartenelemente
lädt zum Schauen, Genießen und Erholen ein.

Noch stärker betont wird der Genussaspekt in einem Duftgarten mit Rosen und Kräutern, in dem sich
Kräuterfans mit einem Faible für eine Vielzahl von Arten und Sorten so richtig austoben können (siehe Seite 48). Die Kräuterspirale bildet den Mittelpunkt einer
angedeuteten sternförmigen Verzweigung der Gartenwege, woraus sich eine sehr reizvolle Sichtachse vom

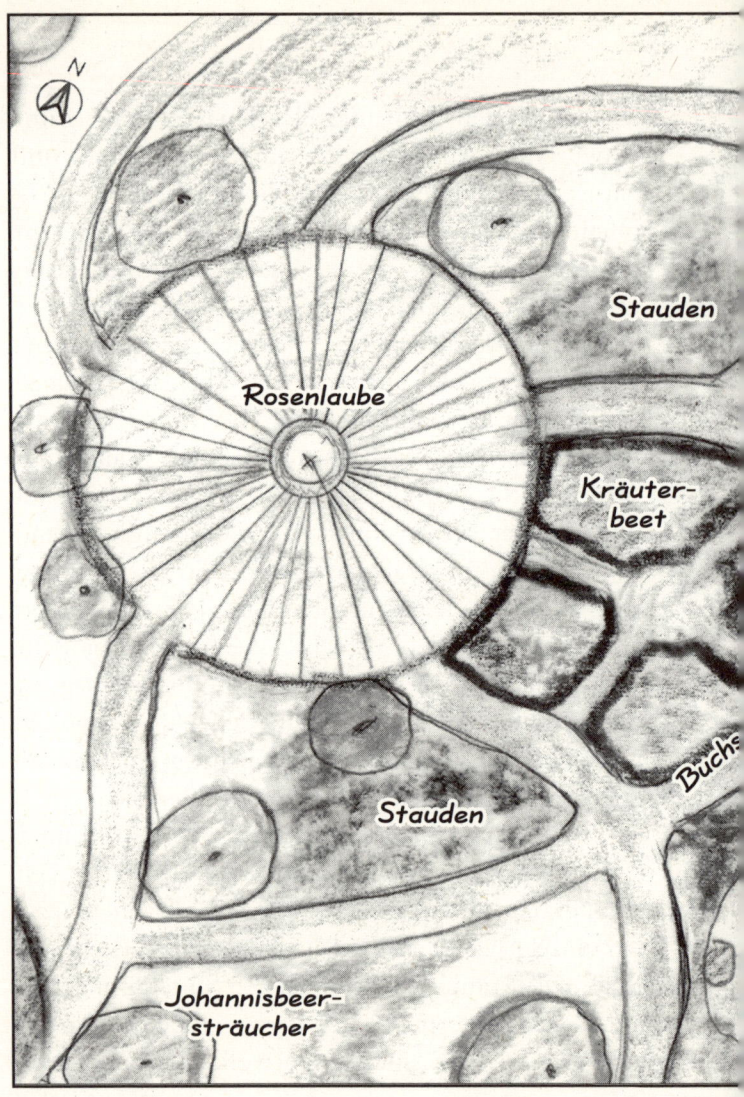

Rosenlaube

Stauden

Kräuter-
beet

Buchs

Stauden

Johannisbeer-
sträucher

46

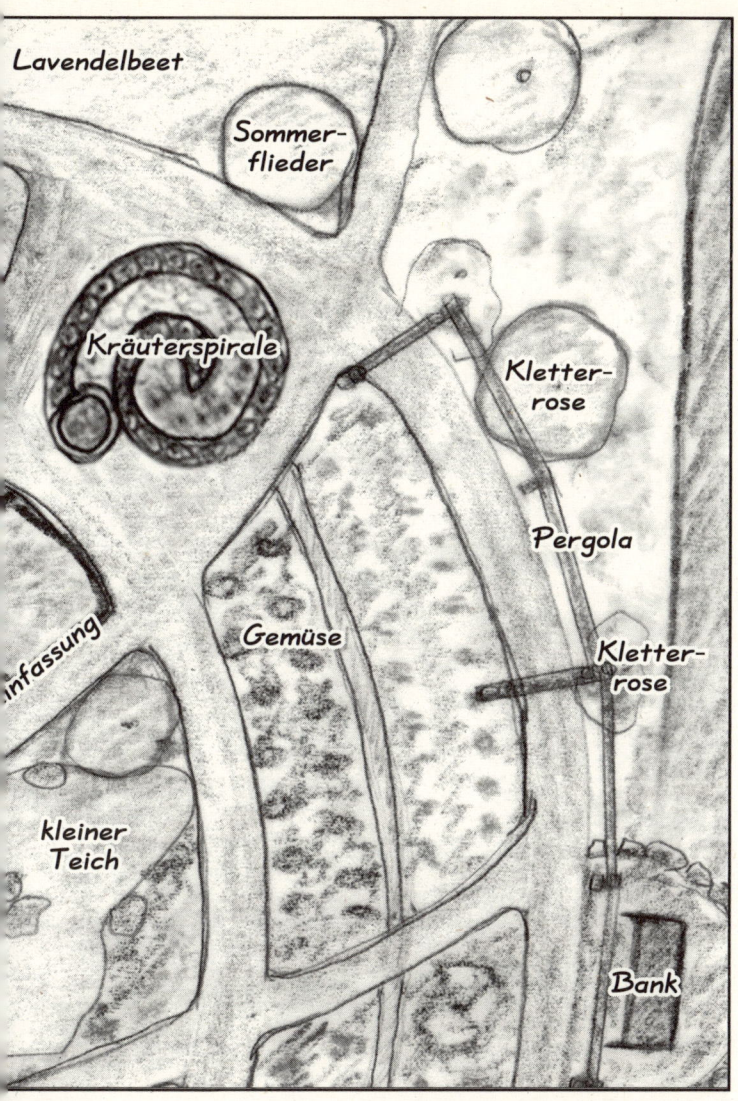

Lavendelbeet

Sommer-
flieder

Kräuterspirale

Kletter-
rose

Pergola

...nfassung

Gemüse

Kletter-
rose

kleiner
Teich

Bank

Rosenlaube mit Bauerngarten

47

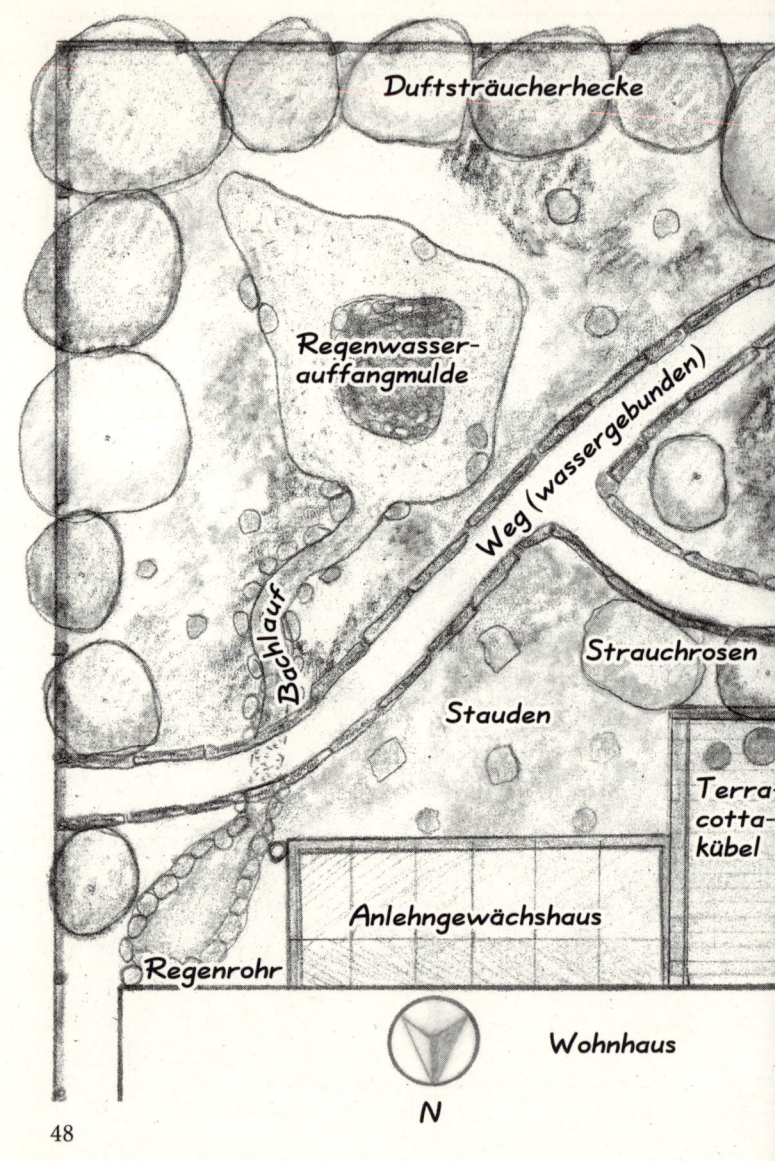

Duftsträucherhecke

Regenwasser-
auffangmulde

Weg (wassergebunden)

Bachlauf

Strauchrosen

Stauden

Terra-
cotta-
kübel

Anlehngewächshaus

Regenrohr

Wohnhaus

N

48

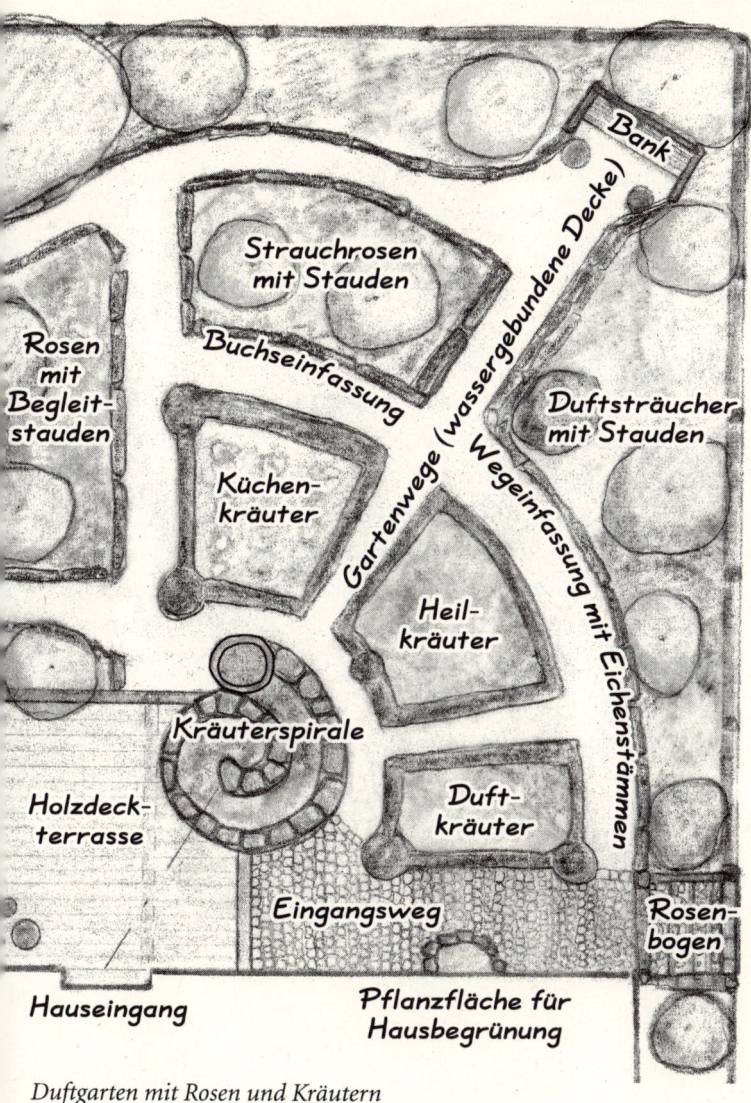

Duftgarten mit Rosen und Kräutern

Strauchrosen mit Stauden

Buchseinfassung

Rosen mit Begleitstauden

Küchenkräuter

Gartenwege (wassergebundene Decke)

Bank

Duftsträucher mit Stauden

Heilkräuter

Wegeinfassung mit Eichenstämmen

Kräuterspirale

Holzdeckterrasse

Duftkräuter

Eingangsweg

Rosenbogen

Hauseingang

Pflanzfläche für Hausbegrünung

Hauseingang über die Kräuterspirale bis zur Ruhebank ergibt. Halbseitig flankiert wird die Spirale von drei Themen-Kräuterbeeten mit Küchen-, Heil- und Duftkräutern – man sieht, dass in diesem Entwurf die Kräutervielfalt eine große Rolle spielt. Denkbar wäre, auch, die Kräuterspirale an einem bestimmten Motto auszurichten, sie zum Beispiel ganz mit magerem, kalkhaltigem Boden aufzufüllen und ausschließlich mit Mittelmeerkräutern zu bepflanzen, die sich auf den benachbarten ebenen Kräuterbeeten ohnehin nicht recht wohl fühlen würden.

Wie in klassischen Klostergärten sind die Kräuterbeete mit niedrigen Buchsbaumhecken eingefasst, während die übrigen Beete mit Eichenstämmen von den Wegen abgegrenzt werden. Die klare Eingrenzung unterstreicht die durchdachte Formgebung des Entwurfs. Duftsträucher, Rosen und Stauden rahmen die zentralen Kräuterelemente ein. Ein wunderschöner Garten, den man, wenn man die Augen schließt, förmlich zu riechen scheint!

Wann ist die günstigste Zeit für den Spiralenbau?

Die günstigste Jahreszeit für den Bau einer Kräuterspirale ist das zeitige Frühjahr, denn winterharte Kräuter pflanzt man am besten von Anfang März bis Mitte Mai, nicht winterharte, einjährige Kräuter ab Mitte Mai, nach den Eisheiligen, wenn die Frostgefahr vorüber ist. Wenn Sie Ihre Kräuterspirale im Frühjahr bauen, haben die jungen Pflanzen über den Sommer genügend Zeit, sich kräftig zu entwickeln. Sie können Ihre Kräuter noch im gleichen Jahr über die gesamte Wachstumsperiode beobachten und vor allem viele leckere Kräuter ernten.

Aber auch im Herbst ist der Bau einer Kräuterspirale sinnvoll. Zwischen Ende August und Ende November können winterharte Kräuter noch ins Freie gepflanzt werden. Im darauf folgenden Frühjahr können Sie dann beobachten, wie Ihre Spirale allmählich zum Leben erwacht.

Wählen Sie also in Ruhe den für Sie richtigen Zeitraum und planen Sie in jedem Fall mehrere Termine ein. Mit großer Wahrscheinlichkeit werden Sie länger brauchen als der Kräuterspiralen-Erfinder Bill Mollison, der berichtet, seine erste Spirale habe er an einem Nachmittag gebaut. Das Ausheben und Befüllen der

Drainage-Schicht, vor allem aber das Hochziehen der gewendelten Trockenmauer erfordert Zeit und Sorgfalt. Schließlich ist die Spirale ein dauerhaftes Gartenelement und soll viele Jahre halten. Deshalb lohnt es sich, von Anfang an Wert auf Stabilität zu legen und lieber ein wenig länger an den Einzelschritten zu basteln. Außerdem sollten zwischen dem Bau der Spirale und deren Bepflanzung einige Regengüsse vergehen, damit die Befüllung sacken und bei Bedarf noch etwas Sand, Kompost und Erde nachgefüllt werden kann.

Damit Sie den Bau ganz gelassen angehen können und dabei nichts schief gehen kann, sind die notwendigen Arbeiten in den folgenden Abschnitten in überschaubare Einzelschritte unterteilt.

Ob Sie Ihr Vorhaben alleine verwirklichen oder Ihnen eine Gruppe tatkräftiger Helfer zur Seite steht – wenn Sie Schritt für Schritt vorgehen, werden Sie zu keinem Zeitpunkt den Überblick verlieren.

Eine Kräuterspirale baut man:
- im zeitigen Frühjahr oder im Herbst
- in mehreren Bauabschnitten

Welche Steine soll ich wählen?

Das wichtigste Gestaltungselement beim Bau einer Kräuterspirale sind die Steine für die schneckenhausförmige Trockenmauer. Ihre Form und das Material, aus dem sie gemacht sind, entscheiden über das Aussehen und den Charakter der fertigen Spirale. Zwar gleicht ohnehin am Ende keine Kräuterspirale der anderen, jede ist ein Unikat. Bestimmte Zielvorgaben bei der Optik sollten Sie jedoch lieber schon im Vorhin-

Eher urwüchsige Kräuterspirale aus Naturstein

Strengere Form aus behauenen Steinen oder Werksteinen
(z. B. gerumpelte Pflastersteine)

ein bedenken. Für welche Art von Steinen Sie sich entscheiden, ist eine Frage des Stils und des Geschmacks.

Viele greifen automatisch zu Findlingen, weil sie
meinen, etwas so Ökologisches wie eine Kräuterspirale dürfe man nur aus natürlichen Steinen bauen.
In einem formal eher streng angelegten Garten sieht
eine Spirale aus etwa gleich großen, behauenen Na-
tur- oder Werksteinen unter Umständen aber sehr viel

besser aus als eine eher urwüchsige Spirale aus sehr unregelmäßigen Natursteinen. Nimmt man Findlinge, besteht zudem die Gefahr, dass das fertige Bauwerk eher unstrukturiert wirkt (im Extremfall wie ein von Kräutern überwucherter Steinhaufen) und die Spiralenform kaum zu erkennen ist. Wird dies gewollt, ist natürlich auch dagegen nichts einzuwenden. Aber Garten- und Spiralenstil sollten zusammenpassen. Überlegen Sie selbst, was mit Ihnen und Ihrem Garten am besten harmoniert, ehe Sie sich auf die Suche nach Ihren Steinen begeben.

Bedenken Sie dabei aber stets auch die eigene Vorratslage. Steine, die man extra kaufen muss, sind mit Sicherheit die teuerste Lösung, und die Verwendung von Baustoffresten ist auch ökologisch sinnvoll. Wenn Sie selbst noch Reste haben oder von Nachbarn günstig Steine bekommen können, sollten Sie überlegen, ob sich nicht aus dem Vorhandenen etwas Schönes schaffen lässt. Manchmal werden auch Steine, die beim Hausbau oder bei der Hofpflasterung übrig geblieben sind, in Kleinanzeigen angeboten. Solche Gelegenheiten beim Schopfe zu packen, ist häufig lohnenswert.

Was das Material betrifft, gibt es kaum Beschränkungen. Feld-, Sand- und Kalksandsteine sind ebenso geeignet wie Bruch- oder Basaltsteine, Werksteine (zum Beispiel gerumpelte Pflastersteine) oder gar zertrümmerte Gehwegplatten, Tonklinker oder Ziegelsteine. Selbst aus alten Tonziegeln lässt sich eine originelle Kräuterspirale bauen.

Achten Sie aber möglichst gleich von vornherein auf eine günstige Form der Steine. Je abgerundeter sie sind, desto schwieriger wird es, aus ihnen eine stabile Mauer zu bauen. Flache Steine mit parallelen Flächen lassen sich am einfachsten verarbeiten und liegen am stabilsten.

Von der Größe her sollten die Steine mindestens faustdick und höchstens so groß und schwer sein, dass zwei Personen sie noch bewegen können. Die großen, schweren Steine bilden das Fundament der Spirale, die kleineren kommen nach oben. Wenn Sie die Steine schon beim Lagern grob nach Größe sortieren, geht die Arbeit später leichter von der Hand.

Und was die Menge betrifft: Bei einem Spiralendurchmesser von 2,80 Metern brauchen Sie so viele Steine, dass man eine Mauer von etwa fünf Quadratmetern Wandfläche damit mauern könnte.

Welches Material brauche ich sonst noch?

Mauer und Kräuter sind das, was später von dem gesamten Bauwerk noch sichtbar sein wird. Damit die Spirale aber optimal entwässert wird und ihren Bewohnern dadurch die besonderen Standortbedingungen bieten kann, für die sie mit Recht gerühmt wird, braucht sie ein löchriges Innenleben und einen wasserdurchlässigen Unterbau.

Für die in den Boden eingelassene Drainage-Schicht benötigen Sie deshalb bei einem Spiralendurchmesser von 2,80 Metern etwa einen halben Kubikmeter Schotter oder Kies.

Wenn Sie in Ihrem Garten Probleme mit Wurzelunkräutern haben, sollten Sie bedenken, dass Giersch, Quecke, Ackerwinde & Co. leider nicht die geringste Mühe damit haben werden, durch das aufgeschichtete Material nach oben ans Tageslicht zu wachsen und auf Ihrer schönen Kräuterspirale ihr Unwesen zu treiben. Wer sich nicht daran stört, Kunststoff zu verwenden, kann deshalb über die Drainage-Schicht ein spezielles Gartenvlies gegen Unkräuter breiten, das Wasser nach unten, aber keine Wurzelunkräuter nach oben durchkommen lässt. Mit dieser einfachen Maßnahme haben Sie den Plagegeistern auf Ihrer Kräuterspirale ein für allemal das Handwerk gelegt.

Ihre »innere Größe« gewinnt die Kräuterspirale durch einen Kern aus mindestens sieben Schubkarren Bauschutt, der möglichst kalkhaltig sein soll. Ideal sind alte Ziegel oder Ziegelsteine, an denen noch Kalkputz haftet. Hat der Schutt, den Sie auftreiben können, eher wenig Kalk, können Sie groben Kalkmergel darüber streuen. (Kalkmergel bekommen Sie im Agrar- oder Baumarkt; Kalkpulver, das es in Gartenmärkten zu kaufen gibt, wäre zu schnell verfügbar). Kalk ist deshalb so wichtig, weil vor allem im oberen Bereich der Kräuterspirale ein relativ hoher pH-Wert (über 7) angestrebt wird. Ein pH-Wert zwischen 7 und 8 ist optimal.

Vielleicht haben Sie von einer ehemaligen Umbaumaßnahme noch etwas Bauschutt übrig. Eine gute Quelle – übrigens auch für Steine – können außerdem die Bauhöfe der Gemeinden sein. Oder Sie fragen gezielt bei Nachbarn bzw. bei Abrisshäusern nach. Gerade Bauschutt wird oft mit Kusshand abgegeben. Schauen Sie sich den Schutt aber auf jeden Fall genauer an. Gasbeton (z. B. Ytong) sollte nicht enthalten sein, denn er zersetzt sich ungünstig und wird oft mit unverrottbarem Kleber verarbeitet. Verwenden Sie auch sonst keine geklebten Materialien, Kunststoffe oder durch Chemikalien möglicherweise verunreinigten Baustoffreste. Schließlich wollen Sie unter Ihrer Kräuterspirale keine Giftmülldeponie anlegen. Achten Sie darauf, dass Sie wirklich nur Ziegelbruch oder Ähnliches bekommen und fragen Sie im Zweifelsfall ruhig nach dem Alter des angefallenen Schutts. In der Regel kann man davon ausgehen, dass alle vor 1950 verwendeten Materialien noch unbelastet sind. Auch für den Bauschutt gilt deshalb: Je älter, desto besser.

Über den Bauschutt wird in die Spirale Gartenerde, Kompost und Sand gefüllt. (Zu dem genauen Mischverhältnis kommen wir später.) Die dafür nötige Gartenerde erhalten Sie automatisch durch den Aushub für Teich und Drainage. Ein paar Schubkarren Kompost müssen Sie selbst von Ihrem Komposthaufen »ernten« oder im nächsten Kompostwerk besorgen. Sand gibt es entweder wiederum als Rest vom eigenen Hausbau, günstig bei Nachbarn bzw. beim Bauhof oder im Baumarkt säckeweise zu kaufen. Mit drei bis vier Schubkarren Sand müssen Sie bei einer Spirale mit einem Durchmesser von 2,80 Metern mindestens rechnen.

Schließlich brauchen Sie für den Teich am Fuß der Kräuterspirale noch wahlweise einen alten Mörtelkübel, eine Plastikwanne oder ein Stück Teichfolie. Auch ein dichtes, offenes Fass, ein gebrauchter Kessel oder eine Zinkwanne sind unter Umständen geeignet. Was Sie verwenden, kommt wiederum auf Ihre »Vorratslage« und auf das Platzangebot in Ihrem Garten an. Wenn Sie etwas mehr Geld ausgeben möchten, können Sie im Gartenmarkt auch eine der vorgefertigten Teichwannen kaufen, die mittlerweile auch schon in kleineren Abmessungen angeboten werden. Der Vorteil solcher Wannen besteht in dem gestuften Rand, der sich gut bepflanzen und gestalten lässt. Wer in seinem Garten kein Plastik vergraben will, kann auch versuchen, den Teichboden mit gestampftem Ton abzudichten, was aber ziemlich schwierig ist und auf Dauer selten dicht hält, weil die Tonschicht in Trockenperioden oben austrocknet und dadurch Risse entstehen. Höchstens im grundwassernahen Bereich ist deshalb im Ton eine Alternative zu sehen.

Als Faustregel gilt: Erst das nötige Material beschaffen, dann mit dem Bauen beginnen. Es hat sich bewährt, alles zuerst an Ort und Stelle zu bringen, dann können die einzelnen Bauschritte zügig aufeinander folgen.

**Für den Bau einer Kräuterspirale mit
2,80 Metern Durchmesser braucht man:**

- genug Steine für fünf Quadratmeter Mauerfläche
- etwa einen halben Kubikmeter Kies oder Schotter für die Drainage
- eventuell sechs Quadratmeter Gartenvlies
- mindestens sieben Schubkarrenladungen möglichst kalkhaltigen Bauschutt
- mindestens drei bis vier Schubkarrenladungen Sand
- mindestens zwei bis drei Schubkarrenladungen Kompost
- einen Kübel, eine kleine Teichwanne oder ein großes Stück Teichfolie

Gibt es auch fertige Bausätze?

Wer ganz auf Nummer sicher gehen will und am liebsten nach einer festen »Bastelanleitung« arbeitet, kann sich auch einen fertigen Bausatz für eine Kräuterspirale liefern lassen. Gemeinsam mit einem Betonwaren-Hersteller und einer Firma für Vogel- und Naturschutzprodukte hat der *Naturschutzbund* (*NABU*) einen solchen Bausatz entwickelt (Bezugsquelle auf Seite 153).

Der Einfluss der Naturschützer ist vor allem daran zu sehen, dass durch die besondere Ausformung der Steine beim Bau der Spirale im Innern der Mauer ein intaktes Gangsystem entsteht, das Spitzmäusen, Eidechsen und anderem Kleingetier Lebensraum und artgerechte Bewegungsfreiräume bietet. In der Mitte wird kein Schutt aufgehäuft. Stattdessen wird die Grundfläche auf der Drainage-Schicht ganz mit den gelieferten Steinen ausgelegt. Ergänzend kann man gleich eine Reihe geeigneter Nisthilfen für verschiedene Tierarten dazu bestellen, die sich teilweise in die Spirale einbauen, teilweise in deren unmittelbarem Umfeld anbringen oder aufstellen lassen.

Die fertige Spirale hat einen Durchmesser von 1,90 Metern, ist allerdings nur 60 bis 70 Zentimeter hoch. Geliefert werden insgesamt 82 Betonsteine in sechs verschiedenen Formen, die teilweise noch mit Fäustel und Flachmeißel leicht nachbearbeitet werden müssen und dann nach einem ausgeklügelten, in einer sehr ausführlichen Bauanleitung genau beschriebenen System in sechs Lagen spiralförmig aufgeschichtet werden.

Wegen des beachtlichen Lieferumfangs (ein bis zwei Paletten) und gut einer Tonne Gewicht kommt der Bausatz per Spedition. Einfüllmaterial (Substrat) kann man ebenfalls dazu bestellen. Um das Material für die kleine Wasserstelle am Fuß der Spirale muss man sich allerdings selbst kümmern.

Wie gehe ich beim Bauen vor?

Haben Sie sich für den Standort entschieden und das nötige Material besorgt, kann die eigentliche Bauphase beginnen. Sie besteht aus vier Einzelschritten.

Die vier Bauabschnitte:
- Übertragung des Grundrisses auf den Gartenboden
- Anlegen der Drainage-Schicht
- Abkippen des Schuttkerns
- Aufschichten der Trockenmauer

Erster Schritt: Übertragung des Grundrisses auf den Gartenboden

Haben Sie sich für eine Spiralenform entschieden und diese grob auf ein Stück Papier gezeichnet? Mit diesem Papier als Gedächtnisstütze bewaffnet können Sie nun in Ihren Garten gehen und an Ort und Stelle den Grundriss auf den Gartenboden übertragen. In den Abbildungen wird die Abfolge anhand der klassischen

Spiralenform illustriert. Sollten Sie sich für eine andere Form entschieden haben, können Sie diese einfach
dementsprechend abwandeln.

Basteln Sie sich im Garten als Erstes aus zwei Stö-
cken und einem Bindfaden einen Zirkel mit dem ge-
wünschten Radius. Soll Ihre Kräuterspirale zum Beispiel einen Durchmesser von drei Metern haben, muss
der Bindfaden eineinhalb Meter lang sein. Mit diesem
Zirkel ziehen Sie einen Kreis in den Gartenboden und
streuen ihn mit hellem Sand oder Mehl nach, damit
Sie ihn gut überblicken können.

Ziehen Sie nun mit einem Stock die Nord/Süd-
Achse ein (auf ein paar Zentimeter kommt es dabei
nicht an). Am südlichen Ende markieren Sie einen
kleinen Kreis für den Teich und ritzen, von diesem
ausgehend, mit einem Stock innerhalb des Kreises den
Grundriss Ihrer Spirale ein. Bedenken Sie dabei, dass
der Abstand zwischen den späteren Mauern nicht zu
schmal werden darf. Sechzig Zentimeter Breite sollte
die Pflanzfläche schon haben.

Streuen Sie die Linien anschließend wiederum mit
hellem Sand oder Mehl nach. Jetzt tritt die Form Ihrer
Spirale deutlich zu Tage. Steigen Sie auch ruhig einmal
auf eine Leiter, um die Harmonie des Ganzen aus der
Vogelperspektive auf sich wirken zu lassen. So können Sie eine anschauliche Vorstellung davon gewin-

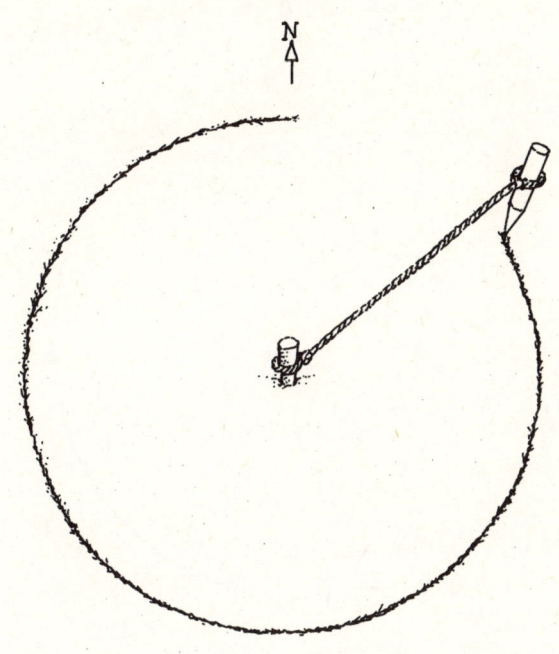

Mit einem selbstgemachten Zirkel wird ein Kreis gezogen

nen, wie Ihre Spirale später aussehen wird, und können Korrekturen vornehmen, bis Sie die Form haben,
die Ihnen gefällt.

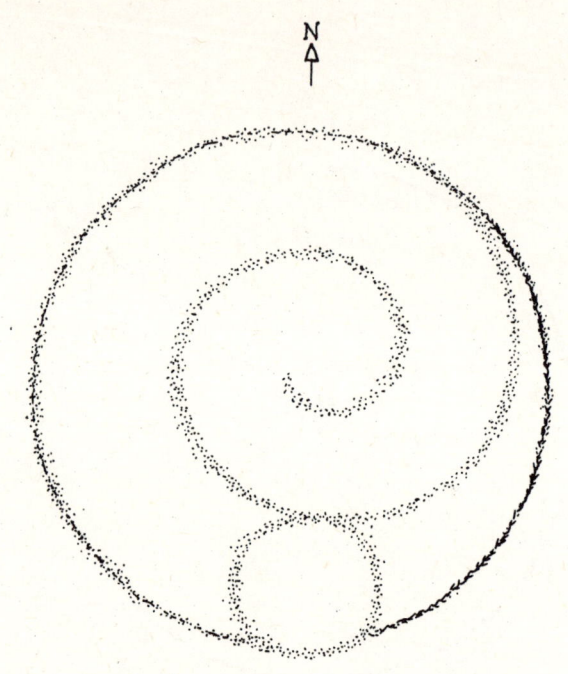

Zeichnen Sie den Grundriss Ihrer Spirale ein
und streuen Sie mit Sand oder Mehl nach

Statt Sand oder Mehl zu streuen, können Sie auch
eine Wäscheleine auslegen, die sich leichter in der
Form korrigieren lässt, allerdings aber auch schneller
verrutschen kann. Wer es ganz genau machen möchte, nimmt erst die Wäscheleine und dann Sand oder
Mehl.

Zweiter Schritt: Anlegen der Drainage-Schicht

Jetzt ist die Zeit für den ersten Spatenstich gekommen. Der Boden unter der Spirale wird an der Linie entlang für die Drainage einen Spatenstich tief ausgehoben und anschließend mit wasserdurchlässigem Kies oder Schotter wieder gefüllt. Ausgenommen von dieser Maßnahme ist der am Teich gelegene nährstofffreie Bereich für heimische Kräuterpflanzen, der ohne Drainage bleibt (in der Zeichnung ist dieser Bereich schraffiert abgebildet).

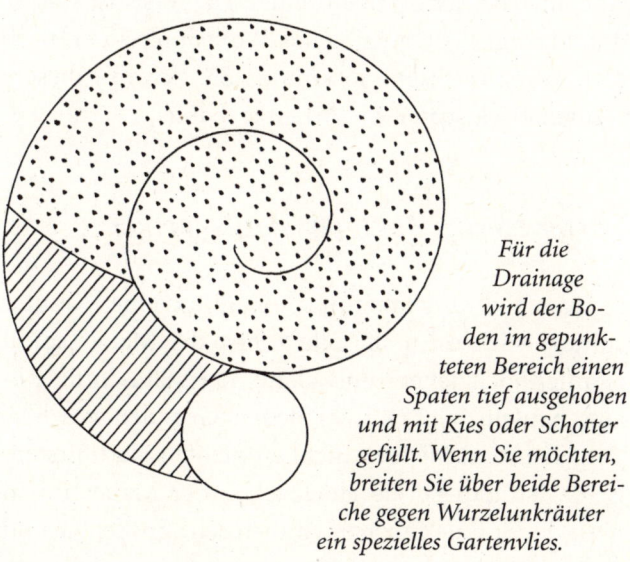

Für die Drainage wird der Boden im gepunkteten Bereich einen Spaten tief ausgehoben und mit Kies oder Schotter gefüllt. Wenn Sie möchten, breiten Sie über beide Bereiche gegen Wurzelunkräuter ein spezielles Gartenvlies.

Zuletzt wird noch das Loch für die Wasserstelle oder den kleinen Teich ausgehoben. Wollen Sie einen Kübel oder eine Wanne eingraben, sollte das Loch so tief sein, dass der Behälter gerade darin verschwindet. Haben Sie sich für die Teichfolie entschieden, graben Sie etwa vierzig Zentimeter tief.

Neben Ihrer Baustelle ist nun ein hübscher Berg aus Gartenerde entstanden, der später für das Auffüllen der Spirale verwendet werden kann.

Gegen Winde, Quecke und Giersch können Sie jetzt ein spezielles Gartenvlies über die gesamte Grundfläche der Spirale breiten. Das Vlies ist wasserdurchlässig, lässt aber keine Wurzelunkräuter nach oben durchwachsen. So können Sie sich mit diesem kleinen Trick später viel Arbeit ersparen.

Dritter Schritt: Abkippen des Schuttkerns

In manchen Kurzanleitungen zum Bau einer Kräuterspirale heißt es, man solle zuerst die Mauer spiralförmig hochziehen und dann den Bauschutt hineinschaufeln. Aus verschiedenen Gründen ist diese Vorgehensweise jedoch nicht empfehlenswert: Erstens ist das stützungsfreie Hochziehen der Mauer im Innern der Spirale nur bei wirklich sehr großen Grundrissen machbar, da die stark gekrümmte und an dieser Stelle gleichzeitig höchste innere Mauer leicht instabil wird und einstürzen kann. Zweitens verschwinden auf diese Weise viel mehr Steine als nötig auf Nimmerwiedersehen im Innern der Spirale. Sie werden später ohnehin von der ansteigenden Pflanzfläche verdeckt, und die Steine sind oft das Teuerste an einer Kräuterspirale. Drittens schließlich ist es viel mühsamer, den Bauschutt einzuschaufeln, als ihn gleich am Anfang mit der Schubkarre in den Kreis hineinzufahren.

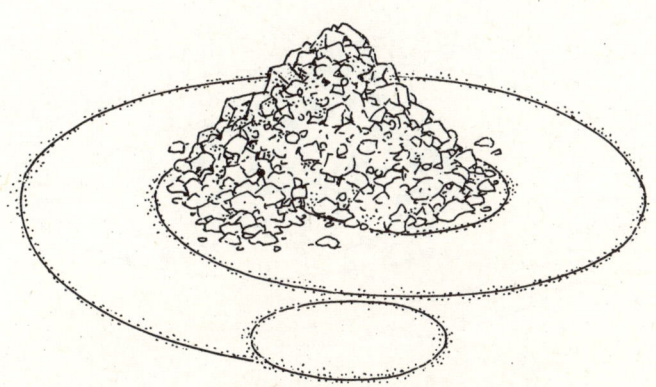

Als Erstes wird der Bauschutt kegelförmig im Inneren der Spirale angekippt und gut verdichtet

*Dann legen Sie vom Teich ausgehend
die erste Lage Steine aus*

*Die innere Mauer wird im sichtbaren Bereich
auf den Bauschutt gesetzt*

Folgen Sie deshalb dem Rat, die innere Mauer im sichtbaren Bereich auf den Bauschutt aufzusetzen. Sie können dazu größere Teile aus dem Bauschutt so übereinander verkeilen, dass eine sichere Abstützung entsteht. Auf diese Weise können Sie viele Steine und noch mehr Schweißtropfen sparen.

Beginnen Sie also damit, den Bauschutt mit Hilfe einer Schubkarre in der Mitte der Spirale so abzukippen, dass ein spitzer Kegel entsteht. An der höchsten Stelle sollte dieser Kegel sechzig bis siebzig Zentimeter hoch sein. Wichtig ist, diesen Kegel gut zu verdichten, damit der Schutt später nicht absackt und die Mauer nicht ins Rutschen kommt. Rücken Sie dem Kegel am besten mit einem großen Vorschlaghammer zu Leibe und schlagen Sie fest darauf ein, bis Sie meinen, die größtmögliche Dichte erreicht zu haben.

Vierter Schritt: Aufschichten der Trockenmauer

Nun kommt die Grundsteinlegung! Drücken Sie vom Teich ausgehend die erste Lage Steine in den Boden. Wählen Sie dafür aus Ihrem Sortiment die größten Steine aus, damit Sie später für den oberen Teil die kleineren Steine verwenden können. Das ist nicht nur aus Gründen der Stabilität sinnvoll; es würden sonst im inneren, stark gekrümmten Teil der Mauer viel zu große Ritzen entstehen.

Ausgehend von der ersten Lage mit Steinen wird nun immer weiter gemauert – allerdings ganz ohne Mörtel und Speis, denn wir wollen eine Trockenmauer bauen, also eine Mauer aus lose aufeinander geschichteten Steinen ganz ohne dichtende Verbindung. Eine solche Mauer mit ihren vielgestaltigen Ritzen und Hohlräumen bildet in sich ein wertvolles Biotop, das typischen Mauerpflanzen wie Hauswurz oder Steinbrech und Tieren wie Springspinnen, Feldsandläufern oder Eidechsen Unterschlupf bietet. (Wenn Sie für diese und andere Tiere Nisthilfen mit in die Mauer integrieren wollen, lesen Sie zunächst den Abschnitt »Wie baue ich Nisthilfen für Tiere ein?«, Seite 85.)

Achten Sie auch jetzt noch einmal darauf, dass zwischen den Mauern ein Zwischenraum von mindestens sechzig Zentimetern bleibt.

Aus Gründen der Stabilität sollten Sie die Mauer leicht nach innen geneigt aufschichten. Dann geraten später spielende Kinder nicht durch kipplige Steine in Gefahr. Um eine stabile Trockenmauer zu erhalten, müssen Sie auch unbedingt darauf achten, Kreuzfugen zu vermeiden. Die Randkanten der Mauersteine müssen also immer versetzt sein und dürfen nie übereinander stehen (siehe Abbildung).

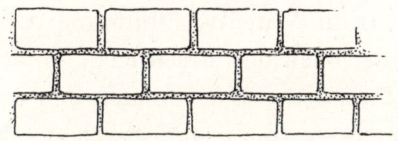

So liegen die Steine richtig

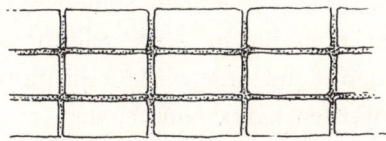

Kreuzfugen bitte unbedingt vermeiden

Abgeflachte Steine mit parallelen Flächen machen das Mauern vor allem für Anfänger am einfachsten. Bei unbehauenen Natursteinen eine gute Stabilität hinzubekommen ist eine wahre Kunst. Auf keinen Fall sollten Sie versuchen, wacklige Stellen mit Erde auszugleichen, da diese leicht weggewaschen werden kann. Versuchen Sie lieber, große Steine im Bedarfsfall von hinten so mit kleinen Steinen zu verkeilen, dass Sie eine optimale Standfestigkeit der Mauer erzielen. Schließlich soll Ihre Kräuterspirale viele Jahre halten.

Wenn beim Mauern Hohlräume entstehen, die die Stabilität nicht beeinträchtigen, können Sie auch schon während des Baus Mauerpflanzen einsetzen. Wegen der besseren Zugänglichkeit der Hohlräume ist dies manchmal einfacher als das nachträgliche Bepflanzen von Mauerritzen, und es wird eine bessere Durchwurzelung erreicht.

Alle zwei bis drei Reihen sollten Sie die Spirale dann von innen her mit Erde, Sand und Kompost auffüllen, damit die innere Mauerkrümmung nachgearbeitet werden kann. Nur bei sehr regelmäßigen Steinen, die trotz Neigung eine stabile Mauer ergeben, können Sie die Mauer erst ganz fertig stellen und dann mit dem Auffüllen beginnen.

Mauern Sie innen nur in den Bereichen, die später sichtbar sind, und setzen Sie die oberen Steine peu à peu so auf den Bauschutt auf, dass sie stabil zu stehen kommen. Dazu können Sie jeweils ein paar größere Schuttbrocken nehmen und entsprechend verkeilen.

Beim Auffüllen sollten Sie immer oben mit dem Sand beginnen, dann können Sie langsam die Spirale abwärts wandern und mehr und mehr Kompost und nährstoffreiche Erde beimischen. In der Zeichnung sehen Sie, welche Bodensorten in welchen Mischverhältnissen eingefüllt werden sollten, um unterschiedliche Standortbedingungen zu erhalten.

*Misch-Schema für die
Befüllung der Kräuterspirale*

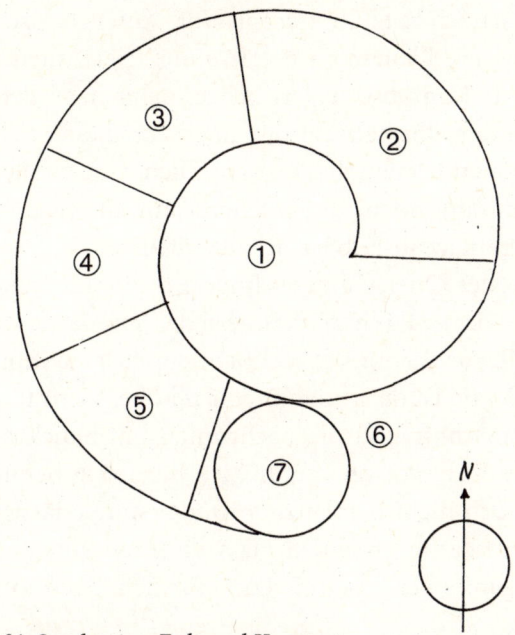

① = ²/₃ *Sand, etwas Erde und Kompost*

② = ¹/₂ *Sand,* ¹/₄ *Erde,* ¹/₄ *Kompost*

③ = ¹/₃ *Sand,* ¹/₃ *Erde,* ¹/₃ *Kompost*

④ = ¹/₂ *Erde,* ¹/₂ *Kompost*

⑤ = ³/₄ *Erde,* ¹/₄ *Kompost*

⑥ = *Gartenerde*

⑦ = *Wasser*

Ganz oben, in der mediterranen Zone, kommt überwiegend Sand mit etwas Erde und Kompost zum Einsatz. Gut geeignet für diese obere, mediterrane Zone ist auch Kalkschotter mit Null-Anteilen, also mit ganz feinen Elementen (0–16 mm). Der Anteil von Erde und Kompost steigert sich allmählich, bis der Boden in der Normalzone nur noch aus diesen beiden Komponenten besteht. In der Feuchtzone brauchen wir dann nur noch auf Gartenerde aus unserem Teich- und Drainageaushub zurückzugreifen.

An der Querschnittzeichnung rechts können Sie sehen, wie die Füllung im Innern der Spirale aussehen sollte. Dabei kommt es nicht auf ein paar Zentimeter an. Wichtig ist die unterschiedlich hohe Ausfütterung mit Bauschutt und die nach unten hin zunehmend bessere Nährstoffversorgung. An der fertig befüllten, aber noch nicht bepflanzten Kräuterspirale lässt sich dies gut daran erkennen, dass die Erde vom hellen Sand ganz oben bis zum Loch für den Teich immer dunkler wird.

Nun können Sie sich schon einmal ganz zufrieden auf Ihrer Gartenbank zurücklehnen und Ihr Werk betrachten. Mit dem Bepflanzen sollten Sie sich ohnehin noch ein wenig Zeit lassen. Die Hohlräume im Schutt schließen sich erst nach ein paar Regengüssen, die Füllung muss sacken und später noch einmal um ein paar Schaufeln Sand, Kompost und Gartenerde ergänzt werden. Die Wartezeit können Sie zum Beispiel für die Anlage des Teichs verwenden.

Querschnitt durch die Kräuterspirale

Sand

Kompost / Erde

Bauschutt

Kies / Schotter

Wie baue ich auf
abschüssigem Gelände?

Bisher sind wir bei allen Beschreibungen davon ausgegangen, dass Sie Ihre Spirale auf ebenem Gartengelände bauen. Was aber, wenn Ihr Grundstück abschüssig ist oder sich in Ihrem Garten keine ebene Stelle finden lässt, die den anderen Kriterien (sonnige, windgeschützte Lage usw.) entspricht?

Auch das ist gar kein Problem – im Gegenteil, ein Südhang bietet ideale Bedingungen für eine Kräuterspirale, und der Bau am Hang hat durchaus Vorteile, weil Sie weniger Material, vor allem weniger Steine, benötigen. Im Nordbereich, wo normalerweise die meisten Steine gebraucht werden, weil die Trockenmauer dort am höchsten ist, fallen weniger Steine an, denn der Anstieg der Trockenmauer folgt dem Anstieg des Hanges.

Der einzige Nachteil besteht darin, dass der Abstand zum gewachsenen Boden an der Nordseite kürzer ist und man weniger Schutt, Schotter oder anderes wasserdurchlässiges Füllmaterial unterbringen kann. Der Boden ist deshalb nicht so mager, die Pflanzen wachsen schneller, was zu Anfang Erfolgserlebnisse bringt, die Langlebigkeit der einzelnen Kräuterstauden jedoch mindern kann. Gleichzeitig fehlt die tiefe

Drainage-Schicht, was sich besonders bei einem stark verdichteten Lehmboden nachteilig bemerkbar machen könnte. Andererseits kann sich das Wasser aufgrund der Hangsituation nicht stauen, sondern läuft automatisch ab. Hangflächen sind ohnehin eher trocken, also für Kräuterpflanzen ideal geeignet – denken Sie nur an die üppig mit duftenden Kräutern bewachsenen Berghänge in den Mittelmeerländern.

Natürlich darf die Kräuterspirale am Hang nicht schief stehen, sonst wäre die Mauer instabil und sähe auch nicht schön aus. Der Trick besteht darin, beim Bauen die untersten Steine wie Treppenstufen waagerecht in den Hang zu setzen. An der Zeichnung der von Rainer Lutter für die Kräutergärtnerei Lichtenborn gebauten Kräuterspirale auf der gegenüberliegenden Seite sehen Sie, wie harmonisch sich die Spiralenform an den Hang anschmiegen kann.

Bau einer Kräuterspirale am Südhang

Wie baue ich Nisthilfen für Tiere ein?

Durch den gezielten Einbau von Nisthilfen haben Sie die Möglichkeit, beim Bau der Kräuterspirale zusätzlichen artgerechten Lebensraum nicht nur für Pflanzen, sondern auch für Tiere zu schaffen, die durch unseren enormen Landschaftsverbrauch immer mehr zurückgedrängt werden. Gleichzeitig fördern Sie damit eine völlig unbedenkliche und natürliche Schädlingsbekämpfung, und auch für die Bestäubung der Blüten wird gesorgt. Schließlich wird die Möglichkeit zur Naturbeobachtung und damit der »Erlebniswert« der Kräuterspirale für Kinder und Erwachsene enorm gesteigert.

Ob Sie sich für alle diese Möglichkeiten oder nur für eine, zwei, drei oder gar keine Nisthilfen entscheiden, ist ganz Ihnen überlassen. Nisthilfen sind ein na-

Beispiele für geeignete Nisthilfen:
- Insektennistkasten
- Nischenbrüterhöhle
- Kleinsäugerstein
- Igelhöhle

turschützerisches Extra, das zur Kräuterspirale nicht unbedingt dazugehört, sie aber zusätzlich bereichern kann.

Ob und wie schnell die Quartiere besiedelt werden, hängt natürlich von mehreren Faktoren ab, vor allem von der Witterung, dem Nahrungsangebot und der jeweiligen Umgebung des Standorts Ihrer Spirale. Eine Bezugsadresse finden Sie am Ende des Buches auf Seite 153.

Der Insektennistkasten

Nisthilfen für Insekten werden in sehr verschiedenen Ausführungen angeboten. Für die Kräuterspirale geeignet ist zum Beispiel ein mit durchsichtigen Niströhren mit unterschiedlichen Durchmessern gefülltes Gehäuse aus Holzbeton für Hautflügler wie Wildbienen, Grab-, Falten- und Wegwespen. Allen diesen Hautflüglern ist gemeinsam, dass sie sich keine eigenen Gänge bohren, sondern sich in bereits bestehenden, meist von Käfern hinterlassenen Bohrgängen niederlassen. Für das ökologische Gleichgewicht im Garten sind sie interessant, weil sie den Bestand an »Schadinsekten« regulieren können. Gegenüber Menschen und Haustieren sind sie allerdings friedliebend und völlig ungefährlich. Außerdem ist ihr Stachel zu klein, um die menschliche Haut zu verletzen.

Die wetterfeste Holzvorderwand kann ganz einfach herausgenommen werden, so dass das sonst verborgene Leben dieser Insektenarten mit Eiablage und Larvenentwicklung direkt erlebbar wird. Da sie sehr wärmeliebend sind, sollte der Insektennistkasten in jedem Fall in die Südseite der Kräuterspirale integriert werden. Bauen Sie ihn aber so ein, dass Sie die Vorderwand zur Beobachtung problemlos öffnen können.

Die Nischenbrüterhöhle

Nischen- und Halbhöhlenbrüter wie Haus- und Gartenrotschwanz, Bachstelze, Grauschnäpper, Rotkehlchen und Zaunkönig sind durch Elstern, Eichelhäher, Katzen und Marder besonders stark gefährdet. Spezielle Nischenbrüterhöhlen mit eingebautem Raubtierschutz bilden deshalb eine begehrte Unterkunft. Hat die Höhle zwei Einfluglöcher und dadurch einen hohen Lichteinfall, wird sie besonders gerne angenommen. Halbhöhlenbrütern ist der Einbau in südlicher Richtung angenehm, Höhlenbrüter akzeptieren aber auch andere Richtungen. Durch den integrierten Raubtierschutz kann die Höhle auch im unteren Mauerbereich eingebaut werden.

Der Kleinsäugerstein

Im Kleinsäugerstein hofft man, Mäuse, vor allem Spitzmäuse, anzusiedeln, die als willkommene Bewohner im Naturgarten wirksame Schädlingsbekämpfung betreiben. Bauen Sie die viereckige Spitzmausbehausung mit kleinem Einschlupfloch in die unterste Steinreihe ein. Eine Ausrichtung nach einer bestimm-

Am Fuß der Mauer integrierter Kleinsäugerstein

ten Himmelsrichtung ist nicht erforderlich. Wenn Sie dann noch eine Futterspur legen, wird der Stein bald besiedelt sein.

Die Igelhöhle

Auch der Igel ist im naturnahen Garten ein gern ge-sehener Gast, da er sich vorzugsweise von Schnecken und Raupen ernährt. In der Natur baut er sich seinen Nistplatz in hohlen Baumstümpfen, unter Laubhau-fen, unter Holzstößen oder in dichtem Gebüsch. All dies gibt es auf unseren aufgeräumten Grundstücken nicht mehr allzu oft, so dass eine Igelhöhle aus Holz-beton, mit etwas Nistmaterial wie trockenem Laub, Stroh, Hobelspänen oder auch Zeitungsschnipseln ausgestattet, meist dankbar angenommen wird.

Ein Igel im Garten ist außerdem eine Sensation für Groß und Klein. Da er mit seiner Familie das gan-ze Jahr über, einschließlich der Überwinterung, in der Höhle wohnen kann, ergeben sich reichlich Gelegen-heiten zur Beobachtung der possierlichen Säugetiere. Ob Sie die Höhle am Fuß der Kräuterspirale einbau-en oder an anderer Stelle in Ihrem Garten platzieren – wichtig ist, dass sie an der wind- und wetterabgewand-ten Seite zu stehen kommt. Außerdem sollte der Zugang möglichst nicht über Rasenflächen führen, denn einen grasbewachsenen Zuweg zur Höhle, der nachts oft nasskalt wird, mögen Igel nicht so gern. Schließlich sollte die Höhle unbedingt einen Isolierboden besitzen, damit sie wirklich zu jeder Jahreszeit bewohnt werden kann.

Wie lege ich den Teich an?

Zu einer vollständigen Kräuterspirale gehört der kleine Teich. Er setzt die dreidimensionale Spiralenform in den Boden hinein fort, lässt sie gleichsam in der Erde verschwinden.

Als kühles Feuchtbiotop bildet der Teich den ausgleichenden Gegenpol zu der trockenen, heißen Spitze der Spirale. Die Wasserfläche des Teichs wirkt positiv auf das Kleinklima. Sie speichert und reflektiert die Wärme, wirkt bei starker Sonneneinstrahlung durch Verdunstung kühlend und bei Nachtfrösten temperaturmildernd. Außerdem bereichert der Teich das Kräuterangebot der Spirale um alle Pflanzen, die gern feuchte oder gar nasse Füße haben. Und der Aushub für den Teich leistet beim Auffüllen der Spirale gute Dienste.

Wenn Platzmangel oder andere Gründe gegen einen Teich sprechen, sollten Sie Ihr Kräuterspiralenprojekt daran aber nicht scheitern lassen. Auch ohne Teich hat eine Kräuterspirale ihren besonderen Reiz.

Ein triftiges Argument gegen einen Teich sind Kleinkinder im Haus oder in der unmittelbaren Nachbarschaft. Kleine Kinder können, wenn sie unglücklich hineinfallen, selbst in einem winzigen, flachen Teich ertrinken. Aus diesem Grund sollten Sie es vorerst lie-

ca. 40 cm

5–10 cm

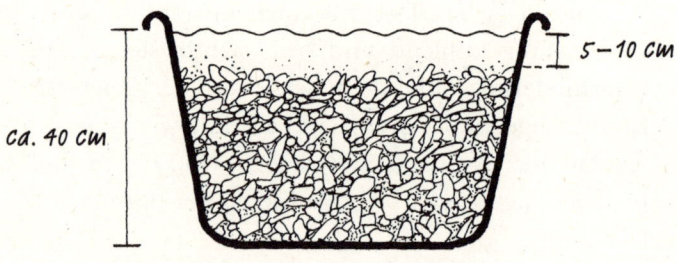

ca. 40 cm

5–10 cm

*Mit horizontal eingeschichteten Steinen
oder Kies aufgefüllter Teich*

ber bei einer Spirale ohne Wasser belassen. Wenn Ihre
Kinder größer sind, können Sie Ihre Kräuterspirale
immer noch um einen Teich ergänzen.

Aus dem gleichen Grund sollte man bei einer Kräuterspirale auf dem Außengelände eines Kindergartens auf den Teich verzichten. Das Risiko, dass kleine Kindergartenkinder oder jüngere Geschwisterkinder in einem unbeobachteten Moment ins Wasser plumpsen, sollte man gar nicht erst eingehen!

Über die verschiedenen Möglichkeiten, den Teich abzudichten, habe ich bereits in einem früheren Abschnitt gesprochen (siehe Seite 60). Am einfachsten ist es, wenn Sie einen alten Mörtelkübel, eine spezielle Teichwanne oder ein Stück Teichfolie benutzen. Kübel oder Wanne werden in den Boden eingegraben, für einen Teich mit Folie sollten Sie ein etwa vierzig Zentimeter tiefes Loch graben und dieses mit der Folie auslegen.

Die Wasserstelle am Fuß der Kräuterspirale braucht gar nicht tief zu sein. Ein möglichst flaches Ufer sorgt außerdem mit dafür, dass Tiere (z. B. Igel), die nach Wasser suchen, nicht in ein tiefes Loch fallen, aus dem sie nicht wieder herauskommen. Eine Kapillarwirkung durch ein flaches Ufer aus Erde oder Sand sollten Sie allerdings vermeiden, da sie die Feuchtigkeit aus dem Teich zieht und ihn immer wieder trockenlegt. Füllen Sie Ihren kleinen Teich deshalb lieber, wie in den Abbildungen links zu sehen, bis auf einen oberen Rand von etwa fünf bis zehn Zentimetern mit Kies oder horizontal eingeschichteten Steinen aus. Kies oder Steine dürfen allerdings nicht kalkhaltig sein, da dies den fadenartigen Algenbewuchs fördern würde. Und denken Sie daran, den Teich in Trockenzeiten regelmäßig nachzufüllen.

Welche Pflanzen wähle ich aus?

Hat sich die Erde in der Kräuterspirale nach einigen Regengüssen gesetzt und haben Sie noch einmal eine Schicht Sand, Kompost und Gartenerde nachgefüllt, können Sie mit dem Bepflanzen Ihrer Spirale beginnen.

Kräuterpflanzen bekommen Sie in Gärtnereien und auf Wochenmärkten. Manche Gärtnereien haben sich auf Kräuter aus biologischem Anbau spezialisiert, bieten eine besonders große Auswahl an und beraten Sie sicher gern, welche Pflanzen für Ihren jeweiligen Standort am besten geeignet sind. Bei Spezialfirmen mit Riesenauswahl können Sie Kräuterpflanzen auch per Katalog oder übers Internet bestellen. Manche bieten sogar spezielle Sortimente für die Kräuterspirale an (Adressen auf Seite 147).

Nun müssen Sie sich nur noch entscheiden, welche Kräuter Sie pflanzen wollen. Die klassische Kräuterspirale, wie sie von Bill Mollison konzipiert wurde und auch in meinem Garten steht, beherbergt die folgenden fünfzehn Kräuter (von oben nach unten): Rosmarin, Salbei, Lavendel, Thymian, Oregano, Rucola, Ysop, Estragon, Pimpinelle, Petersilie, Schnittlauch, Sauerampfer, Zitronenmelisse, Minze und Brunnenkresse (siehe auch Zeichnung auf Seite 13).

Sie brauchen sich aber nicht an diese Vorgaben zu halten, sondern können ganz Ihren eigenen Vorlieben folgen. Überlegen Sie, welche Kräuter Sie am liebsten mögen und ob Sie sie eher zum Kochen benutzen, zu Heiltees verarbeiten oder sich in erster Linie an ihrem schönen Duft oder Anblick erfreuen möchten. Sie können Ihre Lieblingskräuter bunt durcheinander mischen oder Ihre Kräuterspirale unter ein bestimmtes Thema stellen. Auf einer »Heilspirale« zum Beispiel könnten dekorative Pflanzen wie Königskerze, Kamille, Ringelblume, Schafgarbe, Frauenmantel, Heiligenkraut, Lavendel, Tripmadam, Nelkenwurz, Mariendistel, Baldrian und Ysop wachsen. Eine »Blütenspirale« könnten Kamille, Lavendel, Salbei, Schnittlauch, Thymian, Johanniskraut, Dill, Oregano, Ysop, Veilchen und nicht rankende Kapuzinerkresse schmücken. Und auf einer »Duftspirale« könnten Rosmarin, Thymian, Lavendel, Kamille, Muskatellersalbei, Waldmeister, Angelika, Mädesüß, Nachtkerze, Minze und Currykraut ihre ätherischen Öle verströmen.

Wenn Sie in die Ritzen der Trockenmauer zusätzlich typische Mauerpflanzen wie Mauerpfeffer, Steinröschen, Dachwurz oder Tripmadam stecken, sieht Ihre Spirale noch attraktiver aus.

Am wenigsten Arbeit macht die Spirale, wenn Sie nur mehrjährige Kräuter verwenden: Sie müssen die

Kräuter dann lediglich regelmäßig zurückschneiden und müssen nicht ständig umpflanzen, um die richtige Fruchtfolge einzuhalten.

Natürlich können Sie das Repertoire an ausdauernden Pflanzen aber auch durch einjährige Kräuter ergänzen. Fertigen Sie in dem Fall eine kleine Skizze an, die es Ihnen erleichtert, eine gewisse Fruchtfolge, also den ständigen Wechsel verschiedener Arten auf einem Standort, einzuplanen. Außerdem gilt es darauf zu achten, dass manche einjährigen Kräuter wie Kerbel und Kümmel einander als Nachbarn nicht vertragen.

In der nun folgenden, umfangreichen Tabelle finden Sie ein- und mehrjährige Kräuter mit Hinweisen zum empfohlenen Standort auf der Kräuterspirale. Mit Hilfe dieser Tabelle können Sie Ihre ganz persönliche Auswahl zusammenstellen.

Bei der Anzahl sollten Sie sich allerdings beschränken. Eine frisch bepflanzte Kräuterspirale mag in den ersten Wochen noch ein wenig nackt aussehen, aber das ändert sich rasch. Wenn die Kräuter beginnen sich auszubreiten, kann es schnell zur qualvollen Enge kommen, was nicht nur die Entwicklung der einzelnen Kräuter beeinträchtigen, sondern auch zu Pilzerkrankungen führen kann. Zu dicht stehende Kräuter können nach starkem Tau oder Regen nur langsam abtrocknen und werden dadurch anfälliger. Auf einer Spirale mit 2,80–3 Metern Durchmesser haben auf Dauer etwa 15 Kräuter Platz.

Entscheiden Sie sich nach Möglichkeit für kleinwüchsige Sorten, damit die Spirale nicht gleich überwuchert wird und Sie die Pflanzen nicht ständig zurückschneiden müssen. Achten Sie beim Pflanzen auch darauf, dass klein- bzw. schwachwüchsige Kräuter wie Petersilie, Majoran, Portulak oder Thymian vorne zu stehen kommen und groß- bzw. starkwüchsige Pflanzen wie Estragon oder Beifuß nach hinten rücken, damit sie die kleineren nicht unterdrücken. Zur Orientierung sind in der Tabelle daher auch die ungefähren Wuchshöhen der einzelnen Kräuter angegeben.

Besonders raumgreifende Riesen wie Liebstöckel sollten lieber neben der Spirale stehen, wo sie sich ohne Belästigung für ihre Nachbarn ungeniert ausbreiten können. Ähnliches gilt für großwüchsige Kräuter mit langen Wurzeln wie Beinwell oder Meerrettich. Wegen seiner Wurzelausscheidungen und seines starken Eigengeruchs stellt auch der Wermut für seine Nachbarn eine echte Zumutung dar. Pflanzen Sie ihn deshalb lieber abseits oder zwischen die Johannisbeeren, mit denen er sich besser verträgt.

Vorsicht auch bei stark samenden Pflanzen wie Borretsch oder Ringelblume. Mit ihren herrlichen

Blüten sind beide ein attraktiver Gewinn für jede Kräuterspirale; falls Sie sich für sie entscheiden, müssen Sie die Nachkommenschaft im folgenden Frühjahr jedoch rigoros reduzieren.

Das einjährige Basilikum, Liebling vieler Kräuterfans, aber leider auch der Schnecken, ist für die Kräuterspirale im Garten eher nicht geeignet – es sei denn, Sie können eine schneckenfreie Zone garantieren. In einem Tontopf auf dem Balkon oder der Terrasse ist Basilikum meist besser aufgehoben.

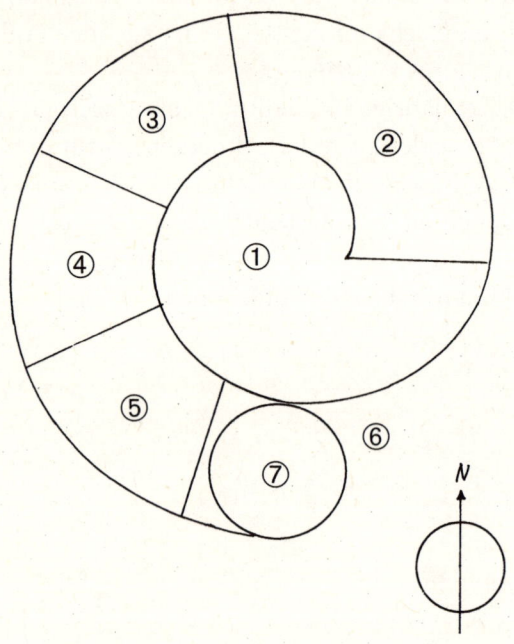

Empfohlene Standorte auf der Kräuterspirale

Name *lateinischer Name*	Wuchs- höhe (in cm)	Standort- ansprüche	Säen, pflanzen, ernten	Empfohlener Standort auf der Kräuterspirale
Anis *Pimpinella anisum* einjährig	50 – 80	sandig, sonnig, trocken, geschützt, kalkhaltig	*säen:* ab Mai *ernten:* Samen ab August	②
Baldrian *Valeriana officinalis* mehrjährig	60 – 100	feucht, schattig	*säen:* im April *ernten:* Wurzeln nach 2 – 3 Jahren im Oktober	⑥
Basilikum *Ocimum basilicum* einjährig stark durch Schnecken gefährdet	15 – 50	sonnig, geschützt, humos	*säen:* im Februar in Schalen, im Mai ins Freiland verpflanzen *ernten:* Blätter vor der Blüte	für die Kräuterspirale eher nicht empfohlen
Beifuß *Artemisia vulgaris* mehrjährig innerlich ange- wendet in hoher Dosierung giftig!	100 – 150	sonnig, trocken, kalkhaltig	*säen:* im zeitigen Frühjahr *pflanzen:* Stecklinge im Herbst *ernten:* Juni bis September, junge Blätter/ Zweigspitzen	① (②) wegen der Größe eher neben der Spirale
Beinwell *Symphytum officinale* mehrjährig nicht innerlich anwenden!	100	feucht, humos, sonnig bis halbschattig	*säen:* im Frühjahr *pflanzen:* Wurzelteilung im Herbst *ernten:* Blätter, Wurzeln	⑤ wegen der Größe eher neben der Spirale

Name *lateinischer Name*	Wuchs- höhe (in cm)	Standort- ansprüche	Säen, pflanzen, ernten	Empfohlener Standort auf der Kräuterspirale
Bergbohnenkraut *Satureja montana* mehrjährig Nadelbaumzweige als Winterschutz	20 – 30	sonnig, trocken	*pflanzen:* Stecklinge im Frühjahr oder Herbst *ernten:* Blätter vor der Blüte	②
Bohnenkraut *Satureja hortensis* einjährig	20 – 30	sonnig, trocken	*säen:* April Frühbeet, Mai ins Freie *ernten:* Blätter vor der Blüte	②
Borretsch *Borago officinalis* einjährig	50 – 100	sonnig bis halbschattig, feucht	*säen:* im zeitigen Frühjahr, samt sich in Folgejahren stark selbst aus *ernten:* zarte Blätter, Blüten	⑥ wegen der Größe eher neben der Spirale
Brunnenkresse *Nasturtium officinale* mehrjährig	20 – 60	(Fließ-) Gewässer	*säen:* Frühjahr in feuchtes, schattiges Beet *pflanzen:* bewurzeln von Stängeln in Wasserschale *ernten:* junge Blätter vor der Blüte	⑦

Name *lateinischer Name*	Wuchs- höhe (in cm)	Standort- ansprüche	Säen, pflanzen, ernten	Empfohlener Standort auf der Kräuterspirale
Currykraut *Helichrysum italicum* mehrjährig	20 – 45	sonnig, trocken, geschützt	*säen:* März/ April vorziehen mit viel Licht, ab Mai ins Freiland *ernten:* Blätter, Blüten	① (②)
Dill *Anethum graveolens* einjährig	30 – 100	sonnig, feucht, wind- geschützt	*säen:* mehrere Folgesaaten März bis September *ernten:* Blätter und Samen	④ (⑤)
Eberraute *Artemisia abrotanum* mehrjährig in großen Mengen giftig!	50 – 90	nicht zu feucht, kalkhaltig, humos	*pflanzen:* Stecklinge im Herbst *ernten:* Triebspitzen Frühling bis Herbst	⑤ (⑥)
Engelwurz *Angelica archangelica* zweijährig	150 – 250	sonnig bis halbschattig, eher feucht	*säen:* im Spät- sommer/Herbst *ernten:* Stängel Mai/Juni, Seitentriebe bis August	wegen der Größe neben der Spirale
Estragon *Artemisia dracunculus* mehrjährig	60 – 120	sonnig, geschützt	*pflanzen:* Stecklinge im Frühjahr *ernten:* Blätter vor der Blüte	③ (④)

Name *lateinischer Name*	Wuchs- höhe (in cm)	Standort- ansprüche	Säen, pflanzen, ernten	Empfohlener Standort auf der Kräuterspirale
Fenchel *Foeniculum vulgare* mehrjährig Winterschutz	100 – 200	sonnig, trocken, nährstoff- reich	*säen:* ab April *ernten:* Blätter, Samen im zweiten Jahr	②
Johanniskraut *Hypericum perfo- ratum* mehrjährig	40 – 100	trocken, sonnig bis halbschattig	*säen:* unter Glas, ab Mai ins Freie *pflanzen:* Wurzelteilung im Frühjahr, Stecklinge im Sommer *ernten:* junge Blätter/Blüten	③
Kamille *Matricaria chamo- milla* einjährig	20 – 50	sonnig, humos	*säen:* im März, *ernten:* frische Blüten von Mai bis Mitte Juni	④ (⑤)
Kapuzinerkresse *Tropaeolum majus* einjährig	30 – 50	anspruchslos	*säen:* im Mai *ernten:* Blüten und Samen,	③ am Rand überhängend
Kerbel *Anthriscus cerefolium* einjährig	30 – 70	halbschattig, eher feucht	*säen:* mehrere Folgesaaten von März – September *ernten:* Blätter vor der Blüte	⑤ (④)

Name *lateinischer Name*	Wuchs- höhe (in cm)	Standort- ansprüche	Säen, pflanzen, ernten	Empfohlener Standort auf der Kräuterspirale
Knoblauch *Allium sativum* einjährig	30	sonnig, trocken, tiefgründig	*pflanzen:* einzelne Zehen März oder September *ernten:* Knollen	②
Koriander *Coriandrum sativum* einjährig	60	sonnig	*säen:* mehrere Folgesaaten von Mai bis September *ernten:* Blätter vor der Blüte, Samen	② neben der Spirale
Kresse *Lepidium sativum* einjährig	30	halbschattig	*säen:* mehrere Folgesaaten von Mai bis September *ernten:* Blätter	③
Kreuzkümmel *Cuminum cyminum* einjährig	100	sonnig, nahrhafter Boden	*säen:* im Frühsommer *ernten:* Samen, wenn Pflanzen verdorrt sind	⑤ wegen der Größe eher neben der Spirale
Kümmel *Carum carvi* einjährig	100	feucht	*säen:* ab Mai *ernten:* Samen	⑤ wegen der Größe eher neben der Spirale
Lavendel *Lavandula angus- tifolia* mehrjährig	30 – 60	sonnig, trocken, kalkhaltig	*pflanzen:* Mai Stecklinge *ernten:* Blüten Blätter vor der Blüte	① (②)

Name *lateinischer Name*	Wuchs- höhe (in cm)	Standort- ansprüche	Säen, pflanzen, ernten	Empfohlener Standort auf der Kräuterspirale
Liebstöckel *Levisticum officinale* mehrjährig	150 – 250	feucht, auch halbschattig	*pflanzen:* Stecklinge im Mai *ernten:* junge Blätter jederzeit	⑥ wegen der Größe eher neben der Spirale
Löffelkraut *Cochlearia officinalis* zwei- bis mehrjährig	20 – 30	feucht, salzig	*säen:* im späten Frühjahr *ernten:* Blätter vor der Blüte	⑥
Majoran *Origanum majorana* einjährig	60	sandig, humos	*säen:* Februar unter Glas, Mai ins Freie *ernten:* Blätter vor der Blüte	⑤ (⑥)
Meerrettich *Armoracia rusticana* mehrjährig	80 – 100	sandig, humos	*pflanzen:* Seitenwurzeln im Frühjahr *ernten:* Wurzeln im Herbst	③ nur neben der Spirale
Oregano *Origanum vulgare* mehrjährig	50 – 70	sonnig bis halbschattig	*säen:* unter Glas ab Mai ins Freie *pflanzen:* Wurzelteilung im Frühjahr *ernten:* Blätter vor der Blüte	③ (②)
Petersilie *Petroselinum crispum* zweijährig	20 – 30	humos, feucht, halbschattig	*säen:* März Freiland, nicht verpflanzen *ernten:* Blätter vor der Blüte	④ (⑤)

Name *lateinischer Name*	Wuchs- höhe (in cm)	Standort- ansprüche	Säen, pflanzen, ernten	Empfohlener Standort auf der Kräuterspirale
Pfefferminze *Mentha piperita* mehrjährig	30 – 60	feucht, humos, sonnig bis halbschattig	*pflanzen:* Stecklinge im Frühjahr oder Herbst *ernten:* Blätter vor der Blüte	⑥ breitet sich stark aus, deshalb nur im Topf einsetzen
Pimpinelle *Sanguisorba minor* mehrjährig	30 – 60	sonnig bis halbschattig	*pflanzen:* Wurzelteilung Frühjahr oder Herbst *ernten:* zarte Blätter vor der Blüte	④ (⑤)
Portulak *Portulaca oleracea* einjährig	30	sonnig, eher trocken	*säen:* ab März bis September *ernten:* frische Blätter, Stängel vor der Blüte	②
Ringelblume *Calendula officinalis* einjährig	30 – 50	sonnig, eher feucht	*säen:* im Frühjahr, samt sich selbst stark wieder aus *ernten:* Blütenblätter	③ (⑥)
Rosmarin *Rosmarinus officinalis* mehrjährig windempfindlich, frostempfindlich	30 – 180	sonnig, kalkhaltig, geschützt	*pflanzen:* Stecklinge im Frühjahr *ernten:* Blätter vor der Blüte	①

Name *lateinischer Name*	Wuchs- höhe (in cm)	Standort- ansprüche	Säen, pflanzen, ernten	Empfohlener Standort auf der Kräuterspirale
Rucola (Rauke) *Eruca sativa* einjährig oder mehrjährig	20 – 50	warm, nährstoff- reich,	*säen:* Einjährige im zeitigen Frühjahr *pflanzen:* Mehrjährige durch Wurzelteilung *ernten:* junge Blätter	③
Safran *Crocus sativus* mehrjährig nur sehr geringe Ernte, etwas für Liebhaber	10 – 30	sandig, sonnig	*pflanzen:* Zwiebeln stecken im Herbst *ernten:* Staubfäden bei der Blüte	②
Salbei *Salvia officinalis* mehrjährig	30 – 70	sonnig bis halbschattig, trocken, locker, kalkhaltig	*pflanzen:* natürliche Steck- linge ziehen *ernten:* junge Blätter ab Mai, Blüten	①
Sauerampfer *Rumex acetosella/ acetosa* mehrjährig	30 – 80	schwerer, feuchter Boden	*säen:* im Frühjahr *ernten:* zarte Blätter	⑤
Senf *Sinapis alba* einjährig mehltauempfindlich	60 – 100	sonnig, sandig	*säen:* im Frühjahr *ernten:* Samen, Blätter	④ (⑤)

Name *lateinischer Name*	Wuchs- höhe (in cm)	Standort- ansprüche	Säen, pflanzen, ernten	Empfohlener Standort auf der Kräuterspirale
Schnittlauch *Allium schoenoprasum* mehrjährig	20 – 30	sandig, feucht, sonnig bis halbschattig	*säen:* im März, Stockteilung *ernten:* Blätter, Blüten	⑥
Thymian *Thymus vulgaris* mehrjährig	30	sonnig, trocken, mager, kalkhaltig	*pflanzen:* Stecklinge im Frühjahr *ernten:* Blätter vor der Blüte	① (②)
Tripmadam *Sedum reflexum* mehrjährig	20	sonnig	*pflanzen:* Stockteilung im April oder Herbst *ernten:* Blätter vor der Blüte	① zwischen den Steinen
Waldmeister *Asperula odorata* mehrjährig	20 – 30	schattig, feucht	*pflanzen:* Stockteilung im April *ernten:* Blätter vor der Blüte	⑥
Weinraute *Ruta graveolens* mehrjährig	50 – 80	sonnig, trocken	*säen:* ab April *pflanzen:* Stecklinge im Frühjahr *ernten:* Blätter vor der Blüte, Samen	③ (②) wegen der Größe eher neben der Spirale
Wermut *Artemisia absinthium* mehrjährig sehr raumgreifend	100 – 150	trocken, steinig, mager	*pflanzen:* Vermehrung durch Stockteilung *ernten:* Blätter vor der Blüte	für die Kräuterspirale nicht empfohlen

Name *lateinischer Name*	Wuchs- höhe (in cm)	Standort- ansprüche	Säen, pflanzen, ernten	Empfohlener Standort auf der Kräuterspirale
Ysop *Hyssopus officinalis* mehrjährig	40 – 60	sonnig, trocken, kalkhaltig	*pflanzen:* Stecklinge im Frühjahr *ernten:* blühendes Kraut	② (④)
Zitronenmelisse *Melissa officinalis* mehrjährig	60 – 100	sonnig, geschützt	*pflanzen:* Stecklinge im Frühjahr *ernten:* Blätter vor der Blüte	⑤ (⑥)

Wie säe und pflanze ich die Kräuter auf die Spirale?

Die günstigste Pflanzzeit für mehrjährige Kräuter ist das zeitige Frühjahr, aber auch im Herbst können winterharte Kräuter gut ausgesetzt werden. Wenn Sie kosmische Kräfte nutzen wollen, können Sie sich nach den speziell berechneten Pflanz- oder Aussaattagen für Blüten-, Blätter- oder Wurzelpflanzen richten. Die Erfahrung lehrt, dass an diesen Tagen gesetzte Pflanzen tatsächlich besser anwachsen. Ausgefuchste Kräuterfans schwören außerdem auf die Regel, Kräuter stets bei zunehmendem Mond zu säen oder zu pflanzen.

Stellen Sie die Kräuter, für die Sie sich entschieden haben, zunächst noch mit den Töpfen auf ihre vorgesehenen Plätze auf der Spirale. So können Sie die einzelnen Standorte und die Abstände noch einmal überprüfen. Graben Sie dann jeweils mit einer kleinen Schaufel ein Loch, betten Sie den Wurzelballen hinein und füllen Sie das Loch wieder auf. Drücken Sie die Erde vorsichtig mit den Händen fest. Die Pflanzen sollten nicht tiefer im Boden stehen als vorher in ihrem Topf. Zum Schluss gießen Sie vorsichtig mit reichlich Wasser an und sorgen auch in den nächsten Tagen für eine ausreichende Bewässerung.

Vermehrung durch Stecklinge

Viele mehrjährige Kräuter wie Salbei, Lavendel, Rosmarin, Thymian, Ysop, Oregano und Estragon lassen sich durch Stecklinge vermehren. Im Frühsommer, wenn die jungen Blätter der Pflanzen voll entfaltet sind, werden etwa fünf Zentimeter lange Triebspitzen mit einem scharfen Messer unter einem Blattknoten abgeschnitten und sofort in einen Blumentopf mit einer sandigen Erdmischung gesetzt. Bis die Stecklinge Wurzeln schlagen, müssen sie vor Luftzug und starker Sonne geschützt und gleichmäßig feucht gehalten

Alter Salbeistrauch mit natürlichem Steckling

werden. Besonders gut gedeihen sie im Frühbeet, im Gewächshaus oder einem besonders geschützten Platz im Garten. Sobald sie kräftige Wurzeln gebildet haben und zu treiben beginnen, kann man sie ins Freiland pflanzen.

Manche alten Pflanzen bilden übrigens von sich aus Stecklinge. Sie neigen ihre Äste zu Boden, die dort Wurzeln schlagen. Man kann das unterstützen, indem man die Äste zum Beispiel mit einem Stein beschwert und leicht mit Erde bedeckt. Später schneidet man den Ast dann ab und pflanzt das bewurzelte Teilstück an eine neue Stelle.

Vermehrung durch Wurzelteilung

Einige Kräuter wie Pfefferminze oder Estragon bilden Wurzelausläufer mit oberirdischen Trieben, die man im Herbst oder Frühjahr vorsichtig ausgraben und neu einpflanzen kann. Um die ungehemmte Ausbreitung dieser Pflanzen, vor allem der Pfefferminze, auf der Kräuterspirale zu vermeiden, sollte man sie in einen großen Topf oder Eimer pflanzen, aus dem man den Boden herausgeschnitten hat, und sie darin in den Boden der Spirale eingraben. Zu bedenken ist dabei, dass die Erde in dem Topf nach drei bis vier Jahren ermüdet ist und erneuert werden muss. Meerrettich vermehrt man mit einzelnen Wurzeln oder Wurzelstücken.

Am einfachsten zu vermehren sind jedoch die Pflanzen, die sich im Laufe der Zeit gleichmäßig ober- und unterirdisch ausbreiten und im Frühling oder Herbst geteilt werden können, zum Beispiel Zitronenmelisse, Sauerampfer und Schnittlauch. Man gräbt sie aus und teilt sie mit einem sehr scharfen Spaten in mehrere Stücke oder sticht einfach in der Erde einen Teil ab, den man weiter verpflanzt.

Bei der Verjüngung des eigenen Bestands gilt es zu beachten, dass manche Kräuter wie zum Beispiel Petersilie und Pfefferminze mit sich selbst unverträglich sind, d. h. wenn sie zu lange an einem Platz stehen, haben sie alle Nährstoffe herausgezogen, die sie zum Überleben brauchen, es kommt zur so genannten Bodenermüdung. Alle paar Jahre sollte man für sie daher einen neuen Platz suchen.

Kräuter aussäen

Die meisten einjährigen Kräuter wie Anis, Borretsch, Kerbel, Koriander, Dill und Bohnenkraut können Sie ab Mitte Mai (also nach den Eisheiligen) ins Freiland aussäen. Lockern Sie die Erde vorher noch einmal sorgfältig auf, sodass sie feinkrümelig und frei von Unkraut ist. Zum Abdecken der Samenkörner in den flachen Saatrillen können Sie Kompost verwenden. Decken Sie sie aber nicht zu tief ab und halten Sie die Samen bis zum Auflaufen gleichmäßig feucht – bei trockenem Wetter bitte täglich gießen! Wenn die Keimlinge so groß sind, dass man sie anfassen kann, werden sie auf fünf Zentimeter, später je nach Pflanzengröße auf mehr Abstand vereinzelt. Borretsch und Dill säen sich meist von selber aus, wenn man ein paar Samenstände ausreifen lässt. Natürlich kann man den Samen auch selbst ernten und für die nächste Aussaat oder das nächste Frühjahr aufbewahren. Manche einjährigen Kräuter wie Dill und Kerbel sollte man in monatlichen Abständen nachsäen, damit man immer frisches Kraut zur Verfügung hat.

Auf den Samentütchen sind die günstigsten Aussaatzeiten angegeben. Beginnen Sie mit der Aussaat nie zu früh, die Samenkörner brauchen eine bereits erwärmte Erde, um keimen zu können. Wer allzu ungeduldig ist und frühzeitig ernten will, zieht seine Kräuter ab Mitte März im Frühbeetkasten oder im Blumentopf auf der Fensterbank vor und setzt die Pflänzchen ab Mitte Mai ins Freiland. Wärmeliebenden Kräutern wie Basilikum und Majoran ist der mitteleuropäische Frühling ohnehin zu kalt, sie kümmern im Freiland und sollten deshalb auf jeden Fall lieber im geschlossenen Frühbeet, unter einem Folientunnel oder auf der Fensterbank vorgezogen werden. Erst wenn es draußen schon richtig frühlingslau geworden ist, beziehen sie den für sie reservierten Platz auf der Kräuterspirale.

Auch viele mehrjährige Kräuter wie zum Beispiel Zitronenmelisse, Brunnenkresse, Salbei, Lavendel und Thymian lassen sich auf die gleiche Weise durch Aussaat anziehen. Wenn man einen großen Garten hat und viele kleine Pflanzen braucht, lohnt sich die Mühe durchaus. Benötigt man jedoch nur einige wenige Pflanzen für die Verjüngung oder Erweiterung des eigenen Kräutersortiments, ist die Vermehrung durch Stecklinge oder Wurzelteilung einfacher.

Wie pflege ich meine Kräuterspirale?

Als echtes Kind der Permakultur, die es sich ja zum Ziel gesetzt hat, in Land- und Gartenbau »sich selbst erhaltende Systeme« zu schaffen, macht die fertig bepflanzte Kräuterspirale wenig Arbeit. Vor allem wenn mehrjährige Kräuter gewählt wurden und diese regelmäßig geerntet werden, hält sich der Pflegeaufwand in Grenzen.

Nicht vergessen darf man allerdings das Wässern bei anhaltender Trockenheit. Manche Kräuter wie Minze, Löffelkraut, Baldrian und Brunnenkresse sind auf Feuchtigkeit angewiesen. Vor allem muss der Teich immer wieder nachgefüllt werden. Und wenn man einjährige Kräuter ausgesät hat, muss man anfangs täglich gießen.

Außerdem lohnt es sich, die Spirale ab und an nach Schneckeneiern abzusuchen und diese gleich zu entfernen. Man findet sie meist auf der Schattenseite der Kräuterspirale unter hohen Pflanzen und natürlich unter Steinen, wo sie einem beim »Sanieren« instabil gewordener Mauerteile begegnen können.

Der Boden der Kräuterspirale ist von den Kräuterpflanzen meist so gut bedeckt, dass nicht viel Unkraut wächst, das man zupfen könnte. Trotzdem sollte man natürlich immer wieder mal nach Unkraut schauen und dabei auch darauf achten, ob sich zum Beispiel Borretsch oder Ringelblumen auch nicht zu stark ausgesamt haben. Bei der Gelegenheit kann man dann auch gleich die Erde etwas auflockern.

Dünger brauchen Kräuter nicht. Im unteren Bereich kann man im Herbst etwas Kompost aufbringen – das reicht vollkommen. Mangelndes Wachstum ist denn auch kein Problem, über das Spiralenbesitzer klagen. Im Gegenteil, nicht regelmäßig gestutzte Kräuterspiralen neigen dazu, unter ihrem üppigen Bewuchs zu verschwinden. Die wichtigste gärtnerische Maßnahme besteht deshalb darin, alles, was zum Wuchern neigt, regelmäßig in seine Grenzen zu verweisen. Nur so können sich alle Kräuter gleich gut entwickeln und die gewünschte Vielfalt kann über viele Jahre bestehen bleiben. Schneiden Sie raumgreifende Spiralenbewohner daher regelmäßig zurück und achten Sie darauf, dass weniger wuchsfreudige Pflanzen ebenfalls zum Zuge kommen.

Bei allen gärtnerischen Arbeiten an der Kräuterspirale lohnt es, sich nach Mondphasen bzw. den speziell berechneten günstigen Tagen für Blüten-, Blätter- oder Wurzelpflanzen zu richten. Die Pflanzen bedanken sich für diese Rücksichtnahme aller Erfahrung nach tatsächlich mit besonders gutem Gedeihen.

Herbst- und Frühjahrsputz

Im nachfolgenden Pflegekalender können Sie noch einmal stichwortartig nachlesen, wann welche Arbeiten anfallen. Die wichtigsten Pflegemaßnahmen sind jedoch der Herbst- und der Frühjahrsputz. Reste von einjährigen Kräutern, die beim ersten Frost abgestorben sind, werden zum Winteranfang entfernt und auf den Komposthaufen gebracht. Auch bei den meisten Mehrjährigen sterben die oberirdischen Pflanzenteile im Winter ab und nur die Teile unter der Erde überdauern. Die Stängel werden kurz über der Erde abgeschnitten, damit im Frühjahr das neue Kraut nachwachsen kann. Verholzende Halbsträucher wie zum Beispiel der Lavendel verlieren nur ihre Blätter oder bleiben sogar grün. Der besonders frostempfindliche Rosmarin kann den Winter in unseren Breiten nur mit einem guten Winterschutz überstehen.

Auch andere Kräuter wie zum Beispiel der Gewürzfenchel brauchen einen Winterschutz. Laub, Reisig, Stroh oder Nadelbaumzweige sind eine gute Abdeckung gegen die Kälte. Wichtig ist, dass die Pflanzen im Frühjahr rechtzeitig wieder aufgedeckt werden, damit sie nicht zu feucht werden, nicht faulen oder Krankheiten bekommen. Lavendel, Estragon, Salbei und andere kälteempfindliche Pflanzen sollten des-

Gärtnern rund ums Spiralenjahr

März	Sobald die Gefahr strenger Fröste vorbei ist: Winterabdeckung schon etwas lockern, damit es nicht zu Fäulnis kommt. Säen z. B.: Dill, Kamille, Kerbel, Petersilie, Portulak, Sauerampfer, Schnittlauch.
April	Winterharte mehrjährige Kräuter können ausgepflanzt werden. Falls gewünscht: Vermehrung durch Wurzelteilung (nicht bei Halbsträuchern). Säen z. B.: Baldrian, Bohnenkraut, Borretsch, Fenchel.
Mai	Ab Mitte des Monats: Nicht winterharte einjährige Kräuter können ausgepflanzt bzw. gesät werden. Säen z. B.: Anis, Johanniskraut, Kapuzinerkresse, Majoran, Kümmel. Ernten z. B.: Engelwurz, Kresse, Kamille, Kerbel, Koriander.
Juni	Falls gewünscht: Vermehrung durch Stecklinge. Ernten: Haupterntezeit für viele Kräuter bis Johanni (24.6.).
Juli	*In diesem Monat haben KräuterspiralengärtnerInnen hitzefrei!*
August	Ab jetzt auf Schneckeneier achten und mögliche Nester ausräumen. Ernten z. B.: Anis.

September	Neubepflanzung möglicherweise entstandener Lücken.
	Gründlicher Rückschnitt üppiger Altpflanzen.
	Erneuerung der Erde im Minzetopf oder -eimer.
	Eventuell etwas feinen Kompost verteilen.
	Überprüfen der Trockenmauer auf Standfestigkeit.
	Ernten z. B.: Knoblauch.
Oktober	Dicke Mulchschicht aus Laub oder geschreddertem Staudenschnitt als Winterschutz verlegen.
	Vorher die Spirale gründlich nach Schneckeneiern absuchen und diese entfernen.
	Ernten z. B.: Baldrian.
November	Vor dem ersten Nachtfrost Winterschutz aus Laub, Reisig, Stroh oder Nadelbaumzweigen aufbringen.
	Abgefrorene einjährige Kräuter entfernen.
	Bei mehrjährigen Stauden wie Estragon oder Oregano verwelkte Stängel über dem Boden abschneiden.
	Bei Lavendel und Salbei nur verblühte Rispen abschneiden, bei Rosmarin nur trocken gewordene Zweige entfernen.
Dezember bis Februar	*Kräuter und GärtnerInnen machen Winterpause.*

halb im Winter auch lieber nicht ganz abgedeckt werden, sondern nur eine Mulchschicht (zum Beispiel aus leicht verrotteten Blättern) bekommen. Sukkulenten wie Portulak oder Tripmadam dürfen überhaupt nicht zugedeckt werden.

Im Frühjahr werden die einzelnen Pflanzen dann behutsam freigelegt, der Boden wird gelockert und sauber gemacht – das neue Spiralenjahr kann beginnen!

Ältere Kräuterspiralen »sanieren«

Nach zwei bis drei Jahren finden sich auf Ihrer Kräuterspirale möglicherweise die ersten kahlen Stellen. Manche empfindliche Bewohner wurden durch strenge Winterfröste in die Knie gezwungen, andere haben sich schlicht zu sehr ausgebreitet. Zitronenmelisse und Estragon überragen alle anderen Kräuter, der Lavendel ist verkahlt und sieht struppig aus. Die beste Zeit für eine gründliche »Sanierung«, das Auslichten alter und das Pflanzen neuer Kräuterstauden ist der September. Die Sonne brennt nicht mehr so heiß, und die Herbstniederschläge sorgen für eine gleichmäßige Feuchtigkeit. Bis der erste Frost kommt, sind die neuen Pflanzen außerdem gut angewachsen.

Entstandene Lücken werden neu bepflanzt, zu üppig gewachsene Kräuter radikal gekappt. Minze und Melisse können Sie direkt über dem Boden abschneiden, es kommen dann schon bald wieder frische, gesunde Blätter. Aber Achtung: Diese Pflanzen breiten sich vor allem unterirdisch aus. In die Breite gegangene Melissepflanzen werden deshalb durch Ausgraben und Teilen verjüngt. Bei in »bodenlose« Eimer oder Töpfe gepflanzten Minzepflanzen muss die nach einigen Jahren ermüdete Erde erneuert werden.

Bei Lavendel und Salbei werden die verblühten Rispen abgeschnitten (auf keinen Fall die verholzten Triebe kürzen). Beim Rosmarin werden nur möglicherweise trocken gewordene Zweige entfernt. Nach innen wachsende, sich kreuzende oder reibende Triebe werden herausgeschnitten. Auf die durch den Schnitt freigewordenen Stellen können Sie feinen Kompost streuen.

Überprüfen Sie unbedingt auch die Standfestigkeit der Trockenmauer. Eingesackte Stellen zwischen den Mauerteilen sehen unschön aus und können mit magerem Substrat aufgefüllt werden. Aber Vorsicht: Halbsträucher wie Thymian oder Salbei dürfen nicht zu tief zu stehen kommen.

Kippelige Steine können spielenden Kindern gefährlich werden. Befestigen Sie lockere Mauerstellen durch Verkeilen mit kleineren Steinen – das Ausstopfen mit Erde hilft nicht viel, denn die Erde wird mit der Zeit wieder ausgespült. Bei eingesackten Stellen tragen Sie die oberen Steine ab und bauen dann von unten her wieder eine stabile Mauer auf.

Mit diesen wenigen Sanierungsmaßnahmen fördern Sie die Schönheit und die Langlebigkeit Ihrer Kräuterspirale.

Wie und wann ernte ich die verschiedenen Kräuter?

Wer eine Kräuterspirale hat, kann bei der Kräuterernte aus dem Vollen schöpfen. Am allerbesten ist es natürlich, wenn Sie Ihre Kräuter einfach nach Bedarf ernten und immer gleich frisch verwenden. Je kürzer der Abstand zwischen Ernte und Verwendung, desto höher der Gehalt an wertvollen Kräuterwirkstoffen. Von dieser Möglichkeit der kurzen Wege sollten Sie vom zeitigen Frühjahr bis zum späten Herbst Gebrauch machen, solange auch nur irgendetwas Frisches auf Ihrer Spirale wächst.

Immer wenn die Kräuter länger aufbewahrt werden sollen, ist bei der Ernte höchste Sorgfalt geboten. Als Erstes muss der richtige Zeitpunkt für die Kräuterernte gefunden werden. Der ist von Pflanze zu Pflanze unterschiedlich. Lavendel zum Beispiel erntet man, wenn sich die Blüten gerade zu öffnen beginnen, viele andere Kräuter, zum Beispiel Estragon, Oregano oder Thymian, werden vor der Blüte geerntet. Die Haupterntezeit liegt im Mai und Juni vor Johanni (24. Juni). Die meisten Kräuter, vor allem die mit eher grauen und härteren Blättern, sammeln Sie am besten bei trockenem Wetter und zur frühen Mittagszeit, da dann der Tau abgetrocknet ist und die Pflanzen den größten Gehalt an Wirkstoffen haben. Kräuter mit zarten grünen Blättern wie zum Beispiel Basilikum erntet man eher am frühen Morgen, weil sie leicht feucht am besten ihr Aroma entfalten. Ernten Sie nur gut entwickelte, gesunde und saubere Pflanzen oder Pflanzenteile. Schneiden Sie sie mit einer Schere ab und legen Sie sie vorsichtig in Körbe oder luftige Papiersäcke. Plastikbeutel und andere luftundurchlässige Behälter sind ungeeignet, weil das Sammelgut darin leicht muffig werden kann. Je länger die Lagerzeit, desto mehr Wirk- und Aromastoffe gehen verloren. Sammeln Sie deshalb möglichst immer nur so viel, wie Sie in einem Winter verbrauchen oder verschenken können.

Blüten, Blätter, Samen, Wurzeln

Blüten sammeln Sie am besten zu Blütebeginn, wenn die Knospen sich gerade geöffnet haben. Alte Blüten haben ihre ätherischen Öle schon größtenteils als Duft ausgeströmt. Achten Sie darauf, dass Blüten, die Sie aufbewahren wollen, völlig tautrocken sind. Nur Blüten, die Sie frisch verwenden wollen, können Sie einige Minuten wässern, damit keine Insekten versteckt bleiben. Das gilt insbesondere für große Blüten, zum

Beispiel die der Kapuzinerkresse. Als getrocknete Blüten kennen die meisten Lavendel und Kamille. Aber auch viele andere Kräuterblüten, zum Beispiel die von Schnittlauch, Ysop, Thymian und Salbei, sind ess- und genießbar. Verwenden Sie sie großzügig zur Verzierung zum Beispiel von Salaten und Kräuterquark.

Blätter erntet man bei den meisten Kräuterpflanzen vor der Blüte, weil sie dann die meisten Aromastoffe enthalten. Man stapelt sie locker in einem Korb oder einer luftigen Papiertüte und achtet darauf, sie möglichst wenig zu drücken oder zu knicken. Manche Kräuter, zum Beispiel Dill und Basilikum, sollte man nur frisch verwenden, weil sie getrocknet viel von ihrem typischen Aroma einbüßen. Andere, zum Beispiel Thymian oder Rosmarin, gewinnen durch Trocknen noch an Intensität (und manchmal auch an Strenge), sodass man beim Kochen von der getrockneten Version nur viel geringere Mengen verwenden darf als von der frischen.

Samenkörner sollten Sie am besten kurz vor der Vollreife ernten. Behalten Sie die Kräuter, deren Samen Sie ernten wollen, zum Beispiel Kümmel, Koriander oder Fenchel, gut im Auge, damit Sie den richtigen Zeitpunkt erwischen. Ernten Sie zu früh, sind die Wirk- und Aromastoffe noch nicht optimal ausgebildet, warten Sie zu lange, kann es passieren, dass die Samenkörner sich lösen und herunterfallen. Schneiden Sie vorsichtig die ganzen Samenstände ab und sammeln Sie sie locker in einer Papiertüte, damit keine sich später noch lösenden Körner verloren gehen.

Wurzeln werden meist im Herbst geerntet, denn nach Trieb, Blüte und Reife wandern die Inhaltsstoffe mehrjähriger Pflanzen jetzt in die Wurzeln zurück. Stechen Sie immer nur so viele Wurzeln ab, wie die Pflanze ohne Schaden entbehren kann. Man gräbt die Wurzeln behutsam aus, putzt und wäscht sie und verwendet sie entweder frisch oder spaltet sie zum Trocknen.

Wie bewahre ich
die Kräuter auf?

Die meisten Kräuter besitzen eine schöne Eigenschaft:
Ihr Aroma und ihre Würz- und Heilkraft lassen sich
für die kalten Monate einfangen, in denen es keine frischen Kräuter gibt. Die folgenden Aufbewahrungsmethoden besitzen eine lange Tradition und haben sich
vielfach besonders bewährt.

Bewährte Aufbewahrungsmethoden:
- Kräuter trocknen
- Kräuter einfrieren
- Kräuter einsalzen und -zuckern
- Kräuter in Essig und Öl einlegen
- Kräuterliköre ansetzen
- Kräutertees zubereiten

Kräuter trocknen

Breiten Sie die Kräuter, die Sie trocknen wollen, an einem luftigen, aber schattigen Ort großflächig aus. Vielleicht haben Sie einen gut belüfteten Schuppen oder

Speicher, einen nicht zu stickigen Heizungsraum oder einen schattigen Wintergarten. Geschlossene Räume wie Küchen, Waschküchen oder Bäder, in denen sich immer wieder Feuchtigkeit bildet, sind ebenso ungeeignet wie zur Muffigkeit neigende Keller.

Nach dem Trocknen sollten Blätter und Blüten noch die gleiche Farbe haben, also nicht ausgeblichen oder angeschimmelt sein. Legen Sie die Kräuter deshalb in dünner Schicht (nicht übereinander!) auf Papier oder Gazerahmen, an die von allen Seiten Luft fächeln kann. Von Natur aus trockene Pflanzen wie Wermut, Salbei oder Lavendel können Sie auch in Büschel schneiden und locker gebunden aufhängen. Beim Trocknen sollte es möglichst warm sein, damit das Wasser aus den Pflanzen rasch verdunsten kann, ehe sie vergilben. Mehr als 35 °C sind allerdings auch nicht förderlich, weil die Hitze die Duft- und Heilstoffe zerstören kann. Aus diesem Grund sollten Sie Kräuter auch nie in der prallen Sonne auslegen. Dickere Pflanzen und Pflanzenteile sollten Sie zwischendurch einmal vorsichtig wenden. Fertig getrocknet sind die Kräuter, wenn sich die Pflanzenteile leicht brechen oder zwischen den Fingern zerreiben lassen. Samen sind trocken, wenn sie aus den Hüllen fallen. Klopfen Sie die Samenstände zum Schluss noch einmal kräftig aus. Die Spreu vom Kraut trennen Sie am einfachsten, indem Sie alles in ein feines Sieb geben und rütteln. Die schwereren Samen rutschen nach unten, die leichtere Spreu liegt obenauf und kann weggepustet werden.

Wurzeln trocknen nur schwer. Außerdem ist es zu deren Erntezeit im Herbst oft schon kalt und feucht. Man kann die sauberen, aufgespalteten Wurzelteile auf Garn auffädeln und an einem warmen Ort im Haus aufhängen oder sie ganz vorsichtig (wiederum nicht über 35 °C!) im Ofen trocknen. Praktisch ist natürlich ein Dörrapparat, bei dem sich die Temperatur genau regeln lässt.

Zum Trocknen aufgehängte Kräutersträuße

Getrockneten Lavendel, Waldmeister oder Rosmarin können Sie in Duftkissen einnähen und zwischen die Wäsche legen oder im Zimmer aufhängen. In hübschen Schälchen können Sie getrocknete Kräuter, mit Gewürzen und Blütenblättern gemischt, als Duftpotpourris auslegen. Auch getrocknete Kräutersträuße an Decken und Wänden sind äußerst dekorativ. Allerdings sollten sie dann etwas für Auge und Nase bleiben und nicht mehr in den Kochtopf wandern. Die verwendeten Kräuter werden mit der Zeit fahl und staubig, verlieren an Wirkstoffen und Geschmack.

Kräuter, die Sie tatsächlich zum Würzen von Speisen und für Kräutertees verwenden wollen, sollten Sie in Papier einwickeln und in einer Schublade oder in einer trockenen, dunklen Speisekammer verstauen. Luftdichte Gläser oder Porzellangefäße sind ebenfalls gut geeignet. Stellen Sie die Gläser aber an einen dunklen Ort oder verwenden Sie dunkles Glas, da das Licht das Aroma der Kräuter zerstören kann. Nehmen Sie am besten braunes, nicht grünes Glas, da das braune am wenigsten aromaschädigend wirkt. Kontrollieren Sie Ihre Bestände von Zeit zu Zeit auf Restfeuchtigkeit oder Schimmel.

Kräuter einfrieren

Viele Kräuter wie Petersilie, Schnittlauch, Dill, Basilikum und Estragon, die sich nicht so gut trocknen lassen, kann man für den späteren Gebrauch hervorragend einfrieren. Hacken Sie die Kräuter klein und breiten Sie sie auf einem Tablett aus, das Sie in Ihren Tiefkühlschrank stellen. Später können Sie das Kräutergefriergut dann in Gefrierbeutel oder -dosen tun und je nach Bedarf streu- und rieselfähig portionieren.

Für Saucen, Suppen und Eintöpfe können Sie Kräutereiswürfel vorbereiten, die Sie dann nur noch in die warmen Speisen rühren müssen. Geben Sie die gehackten Kräuter in Eiswürfelbereiter, gießen Sie mit Wasser auf und füllen Sie die fertig gefrorenen Eiswürfel wiederum in Gefrierbeutel oder -dosen. Dabei brauchen Sie sich nicht auf ein Kraut zu beschränken, sondern können sich je nach Geschmack und Laune Beutel mit verschiedenen Würzwürfeln zusammenstellen – nur das Beschriften nicht vergessen!

Apropos Eiswürfel: In fruchtigen Getränken sind Würfel mit eingeschlossenen Kräuterblüten zum Beispiel von Ysop oder Salbei sehr dekorativ. Legen Sie die Blüten in den Eiswürfelbereiter, gießen Sie mit Wasser auf – und bei der nächsten Party wird der Überraschungseffekt ganz auf Ihrer Seite sein.

Kräuter einsalzen und -zuckern

Durch eine weitere Konservierungsmethode, das Einsalzen, erhalten Sie feine Würzmittel für Ihre Kräuterküche. Getrocknete, fein geriebene Kräuter wie Estragon, Liebstöckel und Petersilie werden mit gleichen Teilen Meersalz vermischt und in dunkle Schraubgläser gefüllt. Das selbst gemachte Kräutersalz können Sie wie Kochsalz verwenden, sollten es aber erst ganz zum Schluss an die fertig gekochten Speisen geben.

Experimentieren Sie auch einmal mit eingesalzenen frischen Basilikumblättern. Die Blätter werden in einem dunklen Schraubglas übereinander geschichtet und lagenweise gesalzen. Mit Olivenöl aufgegossen ist die Mischung etwa vier Wochen haltbar. Besonders lecker schmeckt sie mit Tomaten und Mozzarella; mit Essig, Knoblauch und schwarzem Pfeffer wird daraus eine würzige Vinaigrette.

Umgekehrt lassen sich Kräuter auch in Zucker konservieren. Versuchen Sie es zum Beispiel mal mit kandierter Minze. In einer starken Zuckerlösung lässt man die Minzeblätter ziehen und trocknen. Mehrmals überkandieren und nachtrocknen – eine hübsche, originelle Knabberei.

Kräuter in Essig und Öl einlegen

Zu den ältesten Konservierungsmethoden gehört das Einlegen von Kräutern in Essig und Öl. Die Kräuter

werden dabei so vollständig von der Flüssigkeit einge-
schlossen, dass sie nicht verderben können. Im Laufe
der Zeit gehen die Wirk- und Aromastoffe in die Flüssigkeit über. Auch wenn die Kräuter abgefiltert werden, verbleiben ihre Würze und ihre Heilwirkung im
Essig oder Öl. Kräuteröl und -essig sind hervorragen-
de Zutaten für Saucen und Salate, aber auch schöne
Mitbringsel und Geschenke für Freunde und Bekannte. In ihnen sind die Wärme und der Duft des vergan-
genen Sommers eingefangen.

Für die Herstellung von Kräuteröl und -essig lohnt
es sich, schon von langer Hand hübsche Flaschen
und Fläschchen zu sammeln. Dort hinein füllen Sie
dann die sauberen, trockenen Pflanzenteile und übergießen Sie ganz mit Weinessig oder gutem Öl (z. B.
Oliven- oder Distelöl). Experimentieren Sie je nach
Geschmack einzeln oder gemischt mit Estragon, Thymian, Basilikum, Dill, Zitronenmelisse, Pfefferminze, Rosmarin oder Ysop. Wenn Sie möchten, können
Sie Ihrem Kräuteressig auch frische Beeren, Linden-
blüten, Lorbeerblätter, Holunderblüten, Chilischo-
ten oder Pfefferkörner beifügen. Als Richtwert sollten
Sie pro Liter Weinessig hundert Gramm Kräuter verwenden. Stellen Sie die fest verkorkte oder mit einem
luftdichten Schraubverschluss zugedrehte Flasche mit
Kräuteressig oder -öl auf eine sonnige und warme

Fensterbank und schütteln Sie den Inhalt einmal täglich kräftig durch. Kräuteressig ist nach zwei bis drei Wochen, Kräuteröl nach vier bis sechs Wochen gebrauchsfertig. Mit einem Mulltuch und einem großen Trichter werden beide abgefiltert, das Tuch wird noch einmal kräftig ausgedrückt und die Flaschen werden gut verschlossen.

Verschenken können Sie die Flaschen auch mit den Kräutern; vor dem Gebrauch sollten die Kräuter aber herausgefiltert werden, denn ragen Blätter oder Stängel aus der teilweise verbrauchten Flüssigkeit, besteht Fäulnisgefahr.

Flasche mit Kräuteressig

Bowle und Kräuterliköre

Auch in alkoholischen Flüssigkeiten ist das feine Kräuteraroma bestens aufgehoben! Ein gutes Beispiel ist die berühmte Waldmeisterbowle, die zu einem schönen Frühling einfach dazugehört. Um das intensive Kräuteraroma zu übertragen, braucht man den (vor der Blüte gepflückten!) Waldmeister nur zwei Stunden lang in Büscheln in Weißwein zu hängen und danach mit Sekt aufzufüllen. Ähnliches kann man mit Minze, Zitronenmelisse oder Anis ausprobieren. Auch Fruchtbowlen lassen sich gut mit Kräutern verfeinern. Probieren Sie es zum Beispiel mit einer Erdbeerbowle mit einigen Stängeln Ysop.

Kräuterschnäpse und -liköre gibt es seit Urzeiten in unzähligen Variationen. Dabei schmecken sie nicht nur lecker. Ihre die Verdauung fördernden Eigenschaften dienen als willkommene Ausrede dafür, sich nach einem guten Essen ein Gläschen zu gönnen – man denke nur an den griechischen Anisschnaps oder den mitteleuropäischen Magenbitter.

Für einen fruchtigen, äußerst magenfreundlichen Kräuterlikör gießen Sie je dreihundert Gramm schwarze Johannisbeeren und Vollrohrzucker und je einen Esslöffel Kümmel-, Fenchel- und Anissamen mit einem Liter klarem Korn auf und schütteln die gut verschlossene Flasche alle zwei Wochen kräftig durch. Nach etwa sechs Wochen filtern Sie ihn durch ein feines Leinentuch – zum Wohl!

Kräutertees

Aus getrockneten Kräutern lassen sich viele Heiltees, aber auch Haustees für den täglichen Gebrauch selbst herstellen. Manche Anwendungen gehören zum volksmedizinischen Allgemeingut, andere erfordern eine naturheilkundliche Beratung. Unbedenklich anwenden lässt sich zum Beispiel der Kamillentee (aus getrockneten Kamillenblüten) innerlich bei verkorkstem Magen, äußerlich bei Hautreizungen oder als Dampfbad bei Erkältungen und zur Schönheitspflege. Ein Tee aus Kümmel-, Fenchel- und Anissamen wirkt auf den Darm entspannend und löst Blähungen. Schlaffördernd ist ein Tee aus Johanniskraut, Hopfen- und Lavendelblüten. Gegen Halsschmerzen hilft Salbeitee, den man auch zum Gurgeln verwenden kann. Als Haustee heiß oder im Sommer auch kalt ist Pfefferminztee sehr beliebt. Den ganzen Sommer über können Sie Tee aus frischer Pfefferminze oder Zitronenmelisse zubereiten.

Als Faustregel gilt: Einen Teelöffel Kräuter pro Tasse mit kochendem Wasser übergießen, sieben bis zehn Minuten ziehen lassen und abseihen. Nach Bedarf süßen, und zwar am besten mit Honig, der mit dem feinen Aroma der Kräuter hervorragend harmoniert.

Was fange ich mit den Kräutern an?

Die Verwendungsmöglichkeiten der frischen ebenso wie der mit den beschriebenen Methoden haltbar gemachten Kräuter sind ausgesprochen vielfältig. Vor allem beim Kochen schenkt Ihnen eine gut bestückte Kräuterspirale schier endlose Möglichkeiten, mit Hilfe der verschiedenen Kräuteraromen abwechslungsreiche Akzente zu setzen. Alle aus der Mittelmeerküche entlehnten Gerichte profitieren von der großzügigen Verwendung von Salbei, Thymian, Oregano, Rosmarin, Estragon und Lavendel. Aber auch mit Minze, Pimpinelle, Sauerampfer und Melisse lassen sich viele leckere Speisen zubereiten. Selbst Petersilie und Schnittlauch sind raffinierter einsetzbar als man gemeinhin denkt. Und aus der scharf-würzigen Brunnenkresse zaubern Sie im Handumdrehen ausgefallene Suppen, Salate und Nudelgerichte. Experimentieren Sie nach Herzenslust und lassen Sie sich von guten Kräuterkochbüchern anregen. Viele leckere, direkt auf die Spiralenkräuter zugeschnittene Rezepte finden Sie in meinem Buch »Die Kräuterspirale. Bauanleitung, Kräuterportraits, Rezepte.«

Bewährte Kräutermischungen in der Küche

Bei der Kombination der Kräuter in der Küche können Sie Ihrer Fantasie freien Lauf lassen. Nach einigem Ausprobieren werden Sie sicherlich Ihre Lieblingsmischungen finden. Erste Anhaltspunkte können dabei bekannte Kräutermischungen sein, die durch ihre traditionell bevorzugte Verwendung ganze Geschmacksrichtungen geprägt haben.

Bewährte Kräuterkombis:
- Kerbel, Petersilie, Schnittlauch
- Estragon, Petersilie, Schnittlauch
- Ysop, Petersilie, Zitronenmelisse
- Schnittlauch, Petersilie, Ysop
- Dill, Schnittlauch, Borretsch
- Kerbel, Petersilie, Estragon
- Kresse, Petersilie
- Borretsch, Petersilie, Bohnenkraut
- Dill, Petersilie, Minze
- Rosmarin, Lavendel, Knoblauch, Zwiebel
- Basilikum, Knoblauch, Petersilie
- Petersilie, Minze, Dill, Salbei, Ysop, Rosmarin, Basilikum, Zitronenmelisse

Dazu gehören zum Beispiel die französischen »*Fines herbes*« aus Basilikum, Bohnenkraut, Estragon, Kerbel, Petersilie, Rosmarin, Schnittlauch, Thymian, Zitronenmelisse und Oregano, die »*Herbes de Provençe*« aus Thymian, Majoran, Basilikum, Rosmarin, Lavendel und Salbei oder das »*Bouquet garni*« aus Thymian, Lorbeer und Petersilie, das beim Kochen von Brühen und Suppen als Büschel eingehängt und vor dem Servieren wieder herausgenommen wird.

Spiralenkräuter in der Hausapotheke

Viele der auf der Kräuterspirale heimischen Pflanzen sind nicht nur Küchen-, sondern auch Heilkräuter mit Jahrhunderte oder gar Jahrtausende alter Tradition. Wer eine Kräuterspirale besitzt, braucht sich deshalb auch kein kreislaufanregendes Rosmarinbad mehr zu kaufen, sondern kann es mit einem Sud aus fünfzig Gramm Rosmarin und einem Liter kochendem Wasser (dreißig Minuten ziehen lassen) als Badezusatz ganz leicht selbst herstellen.

Pfefferminztee beruhigt den nervösen Magen. Gegen Kopfschmerzen hilft etwas Pfefferminzöl, wenn Sie es auf Stirn und Schläfen tupfen und etwas einmassieren.

Eine Gurgellösung gegen Halsschmerzen können Sie aus einem Teelöffel Salbeiblättern und 100 ml kochendem Wasser (zehn Minuten ziehen lassen) zubereiten, bei leichten Zahnschmerzen hat sich der gleiche Aufguss mit einer zusätzlichen Gewürznelke bewährt.

Zur Beruhigung von Magen und Nerven können Sie einen Teelöffel Lavendelblüten mit einem Liter kaltem Wasser ansetzen und langsam zum Sieden bringen, abseihen und morgens, mittags und abends je eine Tasse trinken. Und zum Einschlafen verhilft die altbewährte warme Milch mit Honig noch zuverlässiger, wenn Sie einen halben Teelöffel Lavendelblüten etwa fünfzehn Minuten lang in der heißen Milch ziehen lassen und dann absieben.

Versuchen Sie einmal, Mückenstiche statt mit teurer Salbe mit frischen Petersilienblättern einzureiben. Und übrigens: Das Kauen frischer Petersilienblätter hilft gegen Mundgeruch. Für einen frischen Atem und eine milde Desinfektion von Mund und Rachen sorgt auch eine Tinktur aus zehn Gramm getrockneten Melisseblättern und 100 ml hochprozentigem Alkohol. (In einer dunklen Flasche an einem warmen Platz vier Wochen aufbewahren, abfiltern und mit Wasser verdünnt zum Spülen und Gurgeln verwenden.)

Dies sind nur einige Beispiele aus dem reichen Schatz der Kräuterapotheke. Lassen Sie sich von Ihrer Kräuterspirale dazu anregen, sich bei leichten Beschwerden mit überlieferten, altbewährten Heilrezepten selbst zu helfen. Möglicherweise werden Sie feststellen, dass sich so manches Zipperlein mit Heilkräutern besser, sanfter und natürlicher behandeln lässt als mit der chemischen Keule aus der Pharmaproduktion. In den traditionellen Heilmethoden steckt viel Weisheit. Halten Sie es deshalb ruhig einmal mit den alten Klosterfrauen: »Wenn's vorne zwackt und hinten beißt, probier's erst mit Melissengeist …«

Den Gang in die ärztliche Sprechstunde bei schweren oder anhaltenden Beschwerden können und sollen diese Tipps allerdings nicht ersetzen.

Kräuterkosmetik selbst gemacht

Wegen ihrer heilsamen Inhaltsstoffe finden viele Kräuter traditionell auch in der Kosmetik Verwendung. Mit Hilfe Ihrer Kräuterspirale können Sie auch auf diesem Gebiet ruhig etwas experimentieren, ohne gleich große Summen für edle Tiegel und Töpfchen ausgeben zu müssen.

Pressen Sie zum Beispiel die Blätter der Brunnenkresse aus und tupfen Sie den austretenden Saft auf Pickel und Mitesser. Auch ein Tee aus Brunnenkresse (eine Handvoll frische Blätter mit einem viertel Liter Wasser überbrühen, zehn Minuten ziehen lassen und abseihen) soll gegen Mitesser helfen.

Gegen fettige Haut wird ein Gesichtswasser aus frischen Ysopblättern und -blüten empfohlen (ein Esslöffel mit einer Tasse kochendem Wasser überbrühen, zehn Minuten ziehen lassen, abseihen und kühl stellen). Ein natürliches Aftershave stellen Sie aus Salbeiblättern her (zwei Teelöffel mit 150 ml kochendem Wasser übergießen, zehn Minuten ziehen lassen, abseihen und kühl stellen).

Eine Spülung mit Rosmarintee nach der Haarwäsche sorgt für kräftiges, glänzendes Haar (fünfzig Gramm Rosmarin mit einem Liter Wasser zum Sieden bringen, dreißig Minuten ziehen lassen und abseihen). Die Durchblutung der Kopfhaut regen Sie mit einem Haarwasser aus Rosmarin, Eberraute und Kampfer an (je drei Esslöffel Rosmarin und Eberraute und zwei Esslöffel Kampfer mit einem halben Liter kochendem Wasser übergießen, eine Stunde ziehen lassen, abseihen und kühl stellen).

Auch dies sind nur wenige Anregungen aus einer unbegrenzten Vielfalt attraktiver Verwendungsmöglichkeiten Ihrer Spiralenkräuter.

Sie sehen: Wenn die Spirale fertig ist, fängt das Kräutervergnügen erst richtig an!

Adressen

Bezugsquellen für Kräuterpflanzen und Saatgut

Versandgärtnereien:

Kräuterei
Silvia Heinrich
Alexanderstr. 29
26121 Oldenburg

Gärtnerei Rühlemanns
Kräuter & Duftpflanzen
Auf dem Berg 2
27367 Horstedt

herb's
Gärtnerei & Pflanzenversand
Stedinger Weg 16
27801 Dötlingen

Lichtenborner Kräuter
Twetgenweg 10
37181 Hardegsen-Lichtenborn

Natur pur
Gärtnerei Strickler
Lochgasse 1
55232 Alzey-Heimersheim

Otzberg Kräuter
Erich-Ollenhauer-Str. 87b
65187 Wiesbaden

Blauetikett Bornträger
Postfach 4
67591 Offstein

Artemisia
Heil- und Duftpflanzen, Kräuter und Stauden
Vorderer Moosweg 1
79350 Sexau

Hof Berg-Garten
Großherrischwand
Lindenweg 17
79737 Herrischried

Blumenschule
Augsburger Str. 62
86956 Schongau

Christian Herb
Heiligkreuzerstr. 70
87439 Kempten

Gärtnerei Gaissmayer
Jungviehweide 3
89257 Illertissen

Bioland Kräuter Gut
Moosfeldweg 8
90427 Nürnberg

Gartenbau Wagner
Gutendorf 36
8353 Kapfenstein
Österreich

Sativa Rheinau
Klosterplatz
8462 Rheinau
Schweiz

Neubauer
Biogärtnerei & Naturgärten
Lenzenhausstrasse 9
8586 Erlen
Schweiz

Saatgut:

Grit Dochow
Biosamenversand
Schillerstraße 11
03046 Cottbus

Bioland Hof Jeebel
Biogartenversand
Dorfstrasse 17
29416 Jeebel

Dreschflegel
Postfach 1213
37202 Witzenhausen

Bio-Saatgut
Ulla Grall
Eulengasse 3
55288 Armsheim

Bingenheimer Saatgut
Kronstr. 24
61209 Echzell-Bingenheim

Biogarten Keller
Konradstr. 17
79100 Freiburg

Grüner Tiger
Pfarräckerstr. 13
90522 Oberasbach

Reinsaat Emmelmann
3572 St. Leonhard am Hornerwald 69
Österreich

C. & R. Zollinger
Biologische Samengärtnerei
1897 Les Evouettes
Schweiz

Biosem
2019 Chambrelien
Schweiz

Bezugsadresse für Spiralenbausatz und Nisthilfen:

Schwegler Vogel & Naturschutzprodukte
Heinkelstraße 35
73614 Schorndorf
www.schwegler-natur.de

Professionelle Entwürfe für naturnahe Gärten:

Gartenplanungsbüro Wild-Wuchs
Dipl.-Ing. Rainer Lutter
Schönenbergweg 6
37181 Hardegsen
www.wild-wuchs.net

Weitere Adressen von Gartenplanern
bekommen Sie bei:

Naturgarten e.V.
Verein für naturnahe
Garten- und Landschaftgestaltung
Kernstr. 64
74076 Heilbronn
www.naturgarten.org

Die Autorin

Irmela Erckenbrecht, Jahrgang 1958, lebt bei Göttingen. Sie ist Autorin folgender Bücher:

- **Querbeet** – Vegetarisch kochen rund ums Gartenjahr
- **Zucchini** – Ein Erste-Hilfe-Handbuch für die Ernteschwemme
- **Das vegetarische Baby** – Schwangerschaft, Stillzeit, Erstes Lebensjahr
- **So schmeckt's Kindern vegetarisch**
- **Die Kräuterspirale** – Bauanleitung, Kräuterportraits, Rezepte
- **Erbsenalarm!** – Köstliche Geschichten und Rezepte rund um die Prinzessin auf der Erbse
- **Das Wechseljahre-Kochbuch** – gesund essen, gesund bleiben

Der Gartenplaner

Rainer Lutter, geb. 1946 in Siegen, lebt in Hardegsen bei Göttingen. Nach seinem Studium der Kommunikationswissenschaft und einer Zusatzausbildung zur Fachkraft für Umwelt- und Naturschutz betreibt er seit 1994 das Gartengestaltungsbüro „Wild-Wuchs" (www.wild-wuchs.net).

Er ist Sachverständiger des Naturgarten e.V., Mitglied der Bundesarbeitsgemeinschaft selbstverwalteter Gartenbaubetriebe (www.baseg.org) und engagiert sich in der lokalen Agenda-Gruppe seiner Heimatgemeinde Hardegsen (www.umweltbeirat-hardegsen.de).

Andere Bücher von Irmela Erckenbrecht

Irmela Erckenbrecht:
Das vegetarische Baby
ISBN: 3-89566-143-0

Irmela Erckenbrecht:
So schmeckt's
Kindern vegetarisch
ISBN: 3-89566-170-8

Irmela Erckenbrecht:
Querbeet
ISBN: 3-89566-163-5

Irmela Erckenbrecht:
Die Kräuterspirale
ISBN: 3-89566-190-2

Vollwert-Bücher mit Cartoons von Renate Alf

Irmela Erckenbrecht:
Zucchini
ISBN: 3-89566-200-3

Irmela Erckenbrecht:
Erbsenalarm!
ISBN: 3-89566-201-1

Petra und Joachim Skibbe:
Köstliche Kürbis-Küche
ISBN: 3-89566-150-3

Claudia Schmidt:
Alles Tomate!
ISBN: 3-89566-173-2

Vegetarisch – vollwertig – gesund

Klaus Weber:
Das Buch vom
guten Pfannkuchen
ISBN: 3-89566-151-1

Astrid-Poensgen-Heinrich:
Spargelzeit!
ISBN: 3-89566-185-6

Jutta Grimm:
Vegetarisch grillen
ISBN: 3-89566-140-6

Margrit Stevanon:
Aufläufe und Gratins
ISBN: 3-89566-180-5

Artgerechte Tierhaltung

ISBN-10: 3-89566-220-8
ISBN-13: 978-3-89566-220-1
© 2006: pala-verlag, Rheinstr. 35, 64283 Darmstadt
www.pala-verlag.de
Alle Rechte vorbehalten
Gartenpläne: Rainer Lutter
Lektorat: Barbara Reis
Umschlag- und Innenillustrationen: Margret Schneevoigt

Druck: fgb • freiburger graphische betriebe
www.fgb.de
Printed in Germany
Dieses Buch ist auf Papier
aus 100 % Recyclingmaterial gedruckt.